KB153641

문화다양성
연구총서
01

문화다양성과 교육

이 저서는 2019년 대한민국 교육부와 한국연구재단의 지원을 받아 수행된
연구임(NRF-2019S1A5C2A04082405)

문화다양성
연구총서
01

문화다양성과 교육

중앙대학교 다문화콘텐츠연구소 기획

최성환·서영지·조영미·강명주 지음

책머리에

우리는 COVID-19 팬데믹으로 인해 어느새 비대면 상호작용에 익숙해졌으며 우리의 일상도 다각도로 변화하고 있습니다. 이러한 시대에 중앙대학교 다문화콘텐츠연구소는 문화다양성과 교육에 대한 의미를 생각해보는 총서를 기획하였습니다.

중앙대학교 다문화콘텐츠연구소는 한국연구재단 인문사회연구소 지원사업에 선정되어 '초연결시대 문화다양성 확산을 통한 다빈치형 인재양성' 사업을 수행하고 있습니다. 본 연구소는 문화다양성 시대가 요구하는 인재양성과 교육체계 수립을 위해 관련된 연구 및 콘텐츠를 개발하고 있습니다. 이에 '문화다양성 연구총서'는 문화다양성의 의미를 탐구하고, 교육 방향을 수립하는 데 의의를 두고 있습니다.

우리 사회는 관용과 인정의 부재로 많은 사회문제가 발생하고 있습니다. 이 때문에 전 지구적 차원의 변화 속에서 국가 간, 민족 간, 문명 간 소통과 상호연계성이 더욱 중요해졌습니다. 이러한 시기에 이 책은 차별과 혐오, 구별짓기를 넘어서는 문화다양성 교육의 중요성을 살펴보고자 했습니다.

문화다양성 시대에 필요한 것은 이해와 관용, 그리고 인정을 바탕으로 성숙한 사회를 만드는 것입니다. 문화다양성 교육은 현대사회의 문제를 해결하고, 인류공동체의 지속 가능한 발전을 이루는 데 기여할 수 있습니다.

이 책은 모두 네 편의 글로 구성되어 있습니다.

최성환 교수는 문화다양성과 현대사회의 지향점을 제시하였습니다. 문화다양성에 대한 담론은 지속적으로 제기되고 있지만 이러한 논의들은 분산적으로 진행되었기에 체계적·통일적 담론 형성이 필요한 실정입니다. 이에 따라 저자는 문화다양성 논의를 체계적으로 조망하고 문화다양성의 개념 재검토 및 그 의의를 성찰하는 내용을 담았습니다.

서영지 교수는 문화다양성 교육이 나아가야 할 방향성을 제시하였습니다. 문화는 고정된 것이 아닌 변화해 나가는 가치입니다. 따라서 현대사회에 적합한 문화다양성을 이해하는 새로운 교육접근법이 필요합니다. 이에 저자는 문화다양성과 관련된 교육인 국제이해교육, 다문화교육, 상호문화교육, 세계시민교육에 대해 살펴보고 현대사회에 적합한 문화다양성 교육모델을 제시하였습니다.

조영미 교수는 문화다양성 교육과 글로벌 시민교육과의 관계성을 살펴보았습니다. 문화는 다양하고 복합적인 특징을 내포하기에 교육 또한 지향하는 방향을 수렴하고 조화시킬 필요가 있습니다. 이 글에서는 최근 들어 그 중요성이 커지고 있는 문화다양성 교육과 글로벌 시민교육의 개념, 발전 배경, 특징 등을 탐색하고 두 교육의 관계성과 실천적인 상호보완성 등을 살펴보았습니다.

강명주 교수는 '다문화 인물 시리즈'를 중심으로 문화다양성 교육을 위한 동화 스토리텔링 방향에 대해 제시하였습니다. 동화 스토리텔링 교육은 소극적인 다문화교육 담론을 넘어서 문화다양성 측면에서의 접근이 필요합니다. 이에 아동을 대상으로 하여 학습자의 인지적·정의적·행동적 영역에서 조화로운 문화적 역량을 함양하기 위한 다문화 동화의 스토리텔링 양상을 살펴보고 앞으로의 방향에 대하여 제시하였습니다.

문화다양성은 문화가 공존한다는 단순한 차원이 아니라, 문화의 다양성을 인정하고 차이를 존중하며 새로운 문화를 창조하는 데 핵심가치가 있습니다. 교육에 있어서 문화적 차원이 강조되는 현 시점에서 문화다양성 교육이 갖는 의의는 더욱 커질 전망입니다. 따라서 이 책은 문화다양성에 관심이 있는 독자들에게 문화다양성의 의미와 교육의 지향점, 그리고 적용 방안 등을 수립하는 데 도움이 될 것으로 기대합니다.

마지막으로 문화다양성연구총서의 작업을 수행한 최성환·서영지·조영미·강명주 교수님들께 깊은 감사를 드립니다. 또한 이 책의 출판을 위해 노력해주신 경진출판의 관계자분들께도 고마움을 전합니다.

2021년 6월

중앙대학교 다문화콘텐츠연구소 사업단장 이원형

다문화콘텐츠연구소 소장 이산호

차 례

문화다양성 교육의 나아갈 방향

—상호문화교육을 향하여—

서영지

문화다양성 교육과 글로벌 시민교육과의 관계성

조영미

문화다양성 교육을 위한 동화 스토리텔링의 방향

   —'다문화 인물 시리즈'를 중심으로—   강명주

문화다양성과 현대사회의 지향점

최 성 환

1. 들어가는 말: 시대정신으로서의 문화다양성

'계몽된 시대'와 '계몽의 시대'라는 칸트의 구분(임마누엘 칸트, 이한구 편역, 2009: 20)에 기대어 표현하면 현대는 문화다양성이 구현된 시대, 즉 다양한 문화적 특성들이 평화롭게 공존하는 시대는 아니지만 '문화다양성의 시대'이다. 폭넓은 인정과 자율적 연대의 사회를 추구하는 문화다양성의 테제는 우리 시대를 선도하는 중요한 화두 중의 하나이다. 문화적 중심을 향한 획일적인 환원주의 때문에 갈등이 두려워 그동안 잠복해 있던 내면적 욕구와 기대가 오늘날 적극적으로 표출되고 있다. 변화에 대한 명

백한 징후가 포착되고 있으며, 일부이기는 하지만 문화적 경계를 넘어서려는 자각이 이루어지고 있다. 오늘날 문화 담론의 파토스와 에토스가 모두 문화다양성이라는 주제와 매우 밀접한 관계에서 부각되고 있다. 이런 추세에 발맞추어 문화다양성에 관한 담론들이 꾸준히 미디어와 학술적 논의의 장에 등장하고 있다. 하지만 그동안 문화다양성 논의들은 매우 분산적으로 진행되었고, 그런 과정에서 별다른 이념적 지향 없이 소비된 느낌이 없지 않다. 이런 배경에서 문화다양성에 대한 좀 더 체계적이며 통일적인 담론 형성의 필요성이 대두된다.[1]

그러나 문화에 대한 논의는 매우 어려운 작업이다. 우리가 항상 반복적으로 접하고 또 회자되기에 너무 자명해 보이는 문화개념은 실로 매우 복잡하고 다양한 의미를 산출하는 그 '다의성' 때문에 학문적 논의를 어렵게 하고 있다. 게오르그 짐멜(G. Simmel)도 '문화란 무엇인가 하는 물음'은 "불분명하고 논란의 여지가 많은

---

[1] 오랜 기간 다문화 담론이 많은 영역에서 논의된 관계로 다문화와 문화다양성의 정책이나 지향점이 부분적으로 혼동되고 있다. 최근 10년간 다문화인구의 급속히 증가했으며, 우리나라는 전체 인구의 5%가 넘는 다문화 인구를 보유하고 있다. 이에 수반된 다양한 문제들을 해결하고자 다문화정책은 대체로 이들에게 대한민국에 동화되어 살아가도록 문화 적응을 유도하는 방향에서 이루어졌다. 하지만 문화다양성정책은 주로 문화소수자와 비주류문화를 대상으로 하는데 이는 외국인, 다문화가족, 노인, 장애인, 여성 등의 문화소수자와 비주류문화(전통문화, 지역문화, 독립예술 등)를 말한다. 문화다양성정책의 지향점은 문화의 순응, 동화를 벗어나 각각의 문화적 정체성을 유지하고 다양한 문화 속에서 더불어 살아가는 것이다.

물음"(게오르그 짐멜, 김덕영·배정희 옮김, 2007: 108)이라고 말한다. 문화의 다양한 정의들은 관점과 상황에 따라 다르게 설정되고 이해된다. 대체로 문화 연구(Cultural Studies)에서는 문화가 "이질적인 사회들에서의 가치들, 규범들 그리고 삶의 방식들에 대한 포괄적인 합의를 창출하는 사회적인 연결고리가 아니라", 오히려 "권력 관계에 의해 규정되며, 그 안에서 상이한 삶의 형식들과 다층적인 소속들이 차별화되는 기초적인 갈등과 불일치를 서술한다."(Leicht, 2009: 119) 그러므로 문화 담론은 애초부터 "자신의 목적에 맞추어 이 개념이 가진 다의성을 제한해야"(게오르그 짐멜, 김덕영·배정희 옮김, 2007: 177) 하며, 이러한 절제 속에 소통 가능하고 설득력 있는 주장들이 표명될 수 있다.

이 글은 최근 새롭게 주제화되고 있는 문화다양성 논의를 체계적으로 전개할 수 있는 바탕으로서 문화다양성 개념을 검토하려는 목표를 가진다. 당연히 이러한 시도는 현대사회에서의 문화다양성의 의의를 성찰하는 내용을 담고 있다. 이런 취지에서 이 글은 문화다양성 논의를 다음과 같은 물음과 함께 시작한다. 문화다양성은 현실인가 이념인가? 이 물음이 어떻게 답해지는가에 따라 문화다양성 연구의 적절한 방향이 설정될 수 있다. 결론부터 말하자면 문화다양성은 현실이자 이념이다. 따라서 문화다양성 담론은 현실에 대한 경험적 분석에 그쳐서는 안 되며,

(특히 인문학적 관점에서는) 문화다양성의 이념적 차원을 파악하거나 구상해야만 한다. 이것은 먼저 지금까지 드러난 문화다양성의 현실에서 일반적인 경향성을 추출하는 것이고, 그 다음 이 경향성의 유익과 해악을 평가하여 지향점으로서의 '하나의 규제적 이념(eine regulative Idee)'을 제시하는 것이다. 이런 배경에서 이 글은 인간세계에서 문화다양성과 공동체가 어떤 상관 관계를 가지며, 특히 현대와 같은 많은 변화가 이루어지는 유동적인 시대에서 어떤 삶의 양식이 문화다양성과 연관된 문제들을 적절하게 해소할 수 있는지를 살펴보고자 한다.

2. 문화다양성 개념의 내포와 외연
: 현상으로서의 문화다양성과 이념으로서의 문화다양성

한 주장이나 이론이 단순하면서 많은 것을 해명할 수 있을 때 소위 '프리미엄(포상가치) 효과'를 발생한다는 학문 이론적 관점이 있다. 여기에 비추어 보면 문화다양성 개념은 그 폭넓은 주제범위와 의미연관성에 기대어 실제로 과잉 재생산되고 유통되는 현대사회의 표어 내지 상투어처럼 보인다. 따라서 유의미한 학문적 논의를 위해서는 문화다양성 개념에 내재해 있는 의미차원에 대한 면밀한 분석이 요구된다. 크게 구별하면 문화다양성 논의는 '이론적인 차원'에서 시대적·사회적 변화와 요구에 부응하는 새로운 문화 개념의 형성을 목표로 하며, '실천적인 차원'에서 문화적 차이에 기반하는 혹은 기인하는 인간들의 관계 형성, 즉 인정 노력이 중심적으로 부각된다.

문화다양성은 하나의 관계적 개념이다. 이는 문화다양성이 기존 사회에서 일반적으로 인정된 문화적 중심에서 측정되고, 대체로 그 대척점에서 주어지는 개념이라는 것을 의미한다. 그러므로 이론적 관점에서의 개념 형성을 위한 노력도 새로운 문화적 차이나 현실이 기존의 문화 이해와 어떻게 연결될 수 있는가에 달려 있다고 할 수 있다. 따라서 문화다양성 담론의 이론적 과제는 일차적으로 '관계 정립'과 '방향 설정', 즉 기존 문화 개념과의 연속성과 차별화를 드러내는 노력이다. 먼저 '관계 정립'에서는 문화다양성과 연관된 분화된 논의들을 통합시키고, 문화다양성 논의 자체의 독립적 위상을 확보할 수 있는 메타적 차원에서의 접근이 모색되어야 한다. 다양하게 분화된 담론들을 통합시킬 수 있기 위해서는 공통 분모를 필요로 하며, 그것은 기존 문화 개념에 대한 반성과 대결이라는 차원에서 모색될 수 있다. 문화 담론은 피에르 부르디외(P. Bourdieu)의 주장처럼 다양한 층위에서 지배 담론과 저항 담론이 지속적으로 부딪히는 사회적

장이며, 기존 행위자들의 관계들을 변형하거나 유지하려는 것을 목표로 하는 힘의 대결공간이다(현택수, 1996: 94). 특히 지배 담론의 문화 개념에는 대체로 이데올로기적 요소가 포함되어 있다. 그것은 넓게는 인간중심주의, 이성중심주의, 남성중심주의와 같은 형태로, 좁게는 민족주의, 인종주의, 국가주의, 종교적 근본주의와 같은 형태로 각인되어진다. 따라서 전통적 문화 개념의 적실성에 대한 탈이데올로기적 논의에서 자연스럽게 새로운 문화 개념의 얼개와 더불어 문화다양성 담론의 이론적 정초를 위한 기반이 드러나게 될 것이다. 그 다음 '방향 설정'은 '존재와 당위'의 선택처럼 어려운 문제이다. 새로운 현실로 다가오는 문화다양성이 특정한 사회에서 지속적인 상수(常數)로 자리매김될 수 있을지 단정할 수 없다. 질서와 조화로운 삶을 위해 기존의 '통일적인' 규범과 규약에 기초한 공동체를 지향하는 인간의 경향성 또한 부인할 수 없다. 하지만 현대사회가 보여주는 급격한 변화의 추세에 비추어 보면 기존의 규범과 규약이 더 이상 사회적 통합을 위한 견고한 기반으로서 기능하지 못할 것이라는 예상이 많다. 따라서 정치적·경제적·종교적·문화적 환경의 변화가 그에 부응하는 새로운 질서를 요구하게 된다. 여기서 인간의 삶에서 소위 '현실적 우선순위'와 '이념적 우선순위'가 역전되는 상황이 발생하게 되고, 이러한 전환에 부응하는 문화 개념이 가시화된다.

　그러나 이러한 개념 형성의 필요성이 제기된다는 상황은 이미 실질적으로 사회적 변화를 나타내는 어떤 사회학적 사실, 즉 새로운 현실의 등장을 함축하고 있다. 이 현실이 공동체에서 어떻게 평가되고 있는지에 따라서 변수 혹은 상수로서의 위상을 확보하게 된다. 그러므로 문화적 차이는 또한 공동체의 공론장과 생활세계의 구조변화와 연결되고 사회적 변화의 한 요인으로 간주된다. '이론적으로' 문화다양성이 문화적 차이들에 기초하는 새로운 문화현상 일반을 총체적으로 나타내는 표현이라면, '실천적으로' 문화다양성은 새롭게 제시되는 다양한 문화적 차이를 지향하는 삶의 양식을 나타내며 이를 '문화다양성 실천'이라 부른다. 특히 실천적 측면에서의 문화다양성은 현대사회의 과학적·기술적 발전에 따른 구조 변화와 맞물려 있다. 초연결사회로 진입한 현대사회에서는 사람들이 무수한 정보들을 직접 만나게 되며, 또한 특정 주체나 집단에 의하여 문화가 형성되는 것이 아니라 연결망에 참여하고 있는 개개인의 문화의 생산자이자 소비자로서 활동한다(강대기, 2001: 243).2) 이런 변화와 더불어

---

2) 저자는 힐러리(G. Hillery)의 관점에 기대어 공동체의 변동에 관련된 구조적 요인들로 ① 생태학적 요인, ② 정치·경제적 요인, ③ 문화상징적 요인을 제시하고 있다. 그는 특히 통신기술의 발전으로 물리적 공간장애를 획기적으로 극복하면서 공동체가 보다 추상적이고 상징적인 이미지로 변해 가고 있다고 분석한다. 그래서 특정

우리에게는 문화의 획일화·종속화에 대응하고 문화의 다원적 가치를 존중함으로써 갈등을 해소하고 공존의 인간사회를 구현하려는 과제가 주어진다.

현실이자 이념인 문화다양성은 그러나 서로 다른 출발점을 가진다. 먼저 현실로서의 문화다양성은 오래 전부터 여러 영역들에서 잠재해 있었거나 부분적으로 현식 속에 그 모습을 드러내고 있었던 반면, 이념으로서의 문화다양성은 상대적으로 늦은 시점에 표방하게 된다. 유네스코의 선언과 협약에서 알 수 있듯이 21세기에 들어서서야 비로소 문화다양성이 바람직한 이념으로 전 세계적인 공감대를 형성하게 되었다.3) 현실로서의 문화다양성은 동일한 시대와 공간 속에서 그 구성원들 사이에 나타나는 문화적 차이 자체를 의미한다. 여기에는 언어·관습·전통·도덕·종교 등의 다양한 문화적 차이들이 속한다. 문화다양성은 또한 문화적 차이를 새로운 삶의 양식으로 승화시켜 새로운 공동체적 질서와 규범을 창출하는 긍정적 태도를 함축한다. 이 때 문화다양성은 예를 들면 언어·의상·전통·사회를 형성하는 방법,

---

사회적 지위에서 기능의 담당 여부와 상관없이 같은 정서적 공감대를 바탕으로 집단의식과 소속감이 형성된다고 한다.

3) 2001년 유네스코에서 '세계 문화다양성 선언'을 채택하고 2005년 '문화적 표현의 다양성 보호 및 증진협약'을 채택하는 등 문화다양성의 각국의 문화사업의 핵심의제이다. 우리나라는 2010년 유네스코 협약에 동참하고 있다.

도덕과 종교에 대한 관념, 주변과의 상호작용 등에서 표방되는 차이를 인정하며, 또한 계급·성별·연령·직업 등을 초월하여 사회 구성원으로 개인과 집단이 살아가는 모든 형태의 다양한 삶의 양식을 존중하자는 이념인 것이다. 이런 맥락에서 문화다양성을 존중하는 사회가 정신적 수준의 관점에서 진정한 문화 강국이라는 시각도 있다.

물론 문화다양성에 대한 긍정적인 시각만이 존재하는 것은 아니다. 상대주의의 문제와 더불어 인간성의 보편적인 가치에 대한 논란, 그리고 전통적인 관습과 종교적인 입장을 고수하려는 시각에 따른 많은 갈등들이 발생하고 있다(서윤호, 2012: 307). 때로 사회적 관용과 인정의 범위를 넘어선 과도한 요구가 문화다양성이라는 이름으로 제기되고 있는 경우도 있다.[4] 문화적 다양성이

---

[4] 한 종교인의 칼럼은 '문화다양성'의 범주에 '성적 소수자'가 포함되기 용이한 점을 악용하는 사례들이 늘고 있으며 현 정부에서 매우 노골적으로 '성적 소수자'를 '문화다양성'에 포함하고 있다고 지적한다. 또한 종교적 관점에서 '성적 소수자'에는 동성애자, 젠더퀴어가 인권과 문화라는 이름으로 허용되는 위험성을 가리키면서, 「문화다양성의 보호와 증진에 관한 법률」은 성을 정치적으로 이용하려는 속내가 엿보이는 법안이라고 비판한다. 또한 이 칼럼은 '사이비 이단'이나 '이슬람'과 '난민'과 같이 이념적으로 문제가 있거나 국민의 안전이 보장되지 않는 요소들이 문화라는 이름으로 보호·증진될 수 있는 여지가 있다는 우려를 드러낸다. 이 종교인은 기본적으로 '문화다양성'의 일련의 흐름들이 국제적이며 범사회적인 가치 추구 아래에서 이뤄지고 있다는 점을 인정하면서도, 예를 들면 '차별금지법'과 '학생인권조례'에서와 같이 대다수의 국민들이 동의하기 어려운 일부 독소 조항을 포함하고 있음을 간과한다면 '문화다양성'의 기본 취지가 왜곡될 것이고 제도적 혼란만 가중할 것이라고 경고한다(김동진, 「'문화다양성' 어떻게 볼 것인가?(1)」, 코람데오닷컴, 2020.01.17).

야기할지도 모르는 한 사회의 파편화 현상에 대한 방어적 반발도 충분히 예상할 수 있다(정상준, 1995: 84). 결국 한 사회에서 존재하는 인정과 갈등의 관계를 재정립할 수 있는 논의가 필요하다. 이런 과정에서 문화다양성에 대한 우려가 어느 정도 해소될 수 있고, '의식의 전환'도 기대할 수 있다. 왜냐하면 상징적 재생산이 이루어지는 생활세계에는 위르겐 하버마스(Habermas, 1986: 96)가 "주제화라는 수문(水門)들"이라고 표현하듯이 끊임없이 새로운 삶의 양식과 가치의식들이 유입되지만 그것이 곧바로 현실세계에서 규범적 의미를 획득하는 것은 아니기 때문이다. 새로운 현상과 주장들의 등장은 일차적으로 지금까지 익명적 타자, 즉 "보이지 않는 곳에 있었고, 또한 보이지 않도록 배제되었던 여성, 동성애자, 외국인 노동자 등 이른바 사회적 소수자들"(문성훈, 2011: 395)을 통해 문화적 차이가 구체화 내지 객관화되는 과정이다. 주류 사회의 시각에서 지금까지 애매한 형태로 유지되어 왔던 타자의 이미지가 이제 생활세계 속에서 명확한 이미지로 바뀌면서 외면할 수 없는 가치감정의 대상이 된다. 따라서 공동체의 구성원은 소위 '타자의 정체성'에 대해 응답을 해야 하며, 이러한 태도 결정에서 사회화의 과정과 유사하게 새로운 문화적 대상이 수용되거나 거부됨으로써 융화 내지 소외현상이 발생한다. 갈등을 가중시킬 수 있다는 우려에도 불구하고 이러한 상황 변화는 이미 새로운 가능성을 탐색하는 과정의 일부이다. 이러한 복잡한 과정을 통해 '단수(單數)로서의 생활세계'가 형성되며, 이것이 문화적 차이를 용해하는 공통의 삶의 기예를 가능하게 한다.5)

애매한 이미지에서 명확한 이미지로의 이행 과정에서 공동체에서는 이중적인 의미의 경계가 형성된다. 여기서 문화적 차이가 심화되기도 하지만 또한 새로운 대화적 관계의 수립을 위한 계기도 주어진다. 경계 설정과 문화의 기원을 연결시키는 지그문트 바우만(Z. Baumann)에 따르면 일반적으로 경계들은 상황을 정당화시켜 감정을 더 자극시키려는 열망에 기대어 설정된다. 그렇기 때문에 그 경계들이 없었더라면 오히려 별로 눈에 띄지도 별로 위험하지도 않으며, 순전히 상상을 통해 이웃들에게 전가된 특성에 불과한 것들이 마치 '뚜렷한' 특성이자 직접 연관된 특성을 지닌 수준으로까지 승격되곤 하는 것이다. 하지만 이러한 경계들은 이중적인 기능을 수행한다. 다시 말해 이러한 경계들은 잘 알지 못하는 사람들에 대한 공포와 안전에 대한 요구에 의해 점차 증진되는 '분리의 기능'과, 동시에 경계들이 인간들끼리 서로 마주치고 교환하는 지점이기에 결국에는 인지적인

---

5) "이 삶의 기예는 그 아래에서 모든 인간들이, 목적을 정립하고 자신의 삶을 고유한 책임아래에서 형성하는, 자유를 보유하는 조건을 창출하는 것을 목표로 한다."(F. 펠만, 최성환 옮김, 2012: 205)

차원과 일상적인 실천들이 서로 뒤섞이는 '접속 지점'의 역할도 수행하게 된다(지그문트 바우만, 조은평·강지은 옮김, 2012: 357). 이러한 접속 지점에서 바로 위에서 언급한 '단수로서의 생활세계'가 형성되는 것이다. 그러므로 문화다양성 담론에서 특히 중요한 것은 우리 앞에 현실로 등장하는 문화다양성의 유익과 해악에 대한 균형 잡힌 평가이다.

3. 공동체적 삶의 의미와 문화다양성의 공간

어떤 삶의 양식(modus vivendi)이 인간에게 가장 바람직한 것인가라는 물음은 오랫동안 인간을 추동시켜 온 본질적이며 고전적인 물음이다. 특히 인간은 공동체라는 형식에서 자신의 본래적인 의미를 구현할 수 있는 존재로 간주되어 왔다. 인간의 사회적 본질 혹은 공동체적 삶에 대한 강조는 고대사회로부터 현대사회에까지 지속적으로 제기되어 왔다. 인간의 동물적 현존을 넘어선 선의 실현을 위한 공동체의 구현은 동서고금을 막론하고 하나의 당위로 자리하고 있다. 아리스토텔레스는 "모든 국가는 분명 일종의 공동체이며, 모든 공동체는 어떤 좋음을 실현하기 위해 구성된다."는 문장과 더불어 자신의 『정치학』을 시작한다. 국가 공동체의 최고선은 단순한 생존이 아니었다. 생존은 인간의 동물적 성격이다(이진우, 2020: 75).[6] 아리스토텔레스는 국가공동체의 최고선은 단순한 생존이 아니라 자유와 평등에 기반한 정의로운 사회라고 말한다. "국가는 단지 삶을 위해서가 아니라 훌륭한 삶을 위해 존재한다. (…중략…) 따라서 이름만 국가가 아니라 명실상부한 국가라면 시민들의 탁월함에 관심을 기울여야 한다고 추론할 수 있다. 그러지 않으면 국가 공동체는 그 구성원이 서로 멀리 떨어져 사는 동맹체와 공간적으로만 차이가 나는 동맹체가 된다."(아리스토텔레스, 천병희 옮김, 2009: 3권 9장, 1280a31~1281a5) 여하튼 현대에 들어와서 이루어진 개인적 삶의 위상에 대한 특별한 평가와, 인간 사회의 많은 변화에도 불구하고 공동체적 삶은 의심할 수 없는 인간학적 특징으로 간주된다.

아리스토텔레스의 진술에서 '동맹체'라는 표현을 통해 암시되었듯이 공동체의 추구가 반드시 긍정적인 결과만을 가져다주는 것은 아니다. 버나드 크릭(B. Crick)은 인간 사회의 이런 경향성, 즉 '일체성에 대한 폴리스의 고착'을 아리스토텔레스 정치학에서의 '좋은 폴리스' 개념을 통해 비판한다. "폴리스는 일체성을

---

6) 니체도 『차라투스트라는 이렇게 말했다』에서 단순히 생존과 행복만을 추구하는 마지막 인간을 비판하고, "살아있는 자에게서는 삶 그 자체보다 더 높이 평가되는 것이 많다"고 선언하면서 새로운 가치의 창조를 지향한다.

증진하려다 폴리스이기를 멈추는 때가 있다. 이러한 지경에 이르지 않는다고 해도, 폴리스가 폴리스로서의 본질을 상실하기 직전까지 가면, 이 경우에는 나쁜 폴리스가 될 것이다. 이것은 마치 음악에서 어떤 테마를 한 박자로 처리하거나 화음을 동음으로 만들어버리는 것과 같다. 그러나 사실 폴리스는 많은 사람들의 집합체이다."(지그문트 바우만, 이일수 옮김, 2009: 283; 이하 『액체근대』, 쪽수) 일체성의 증진은 '우리' 공동체라는 완고한 형태로 등장하기 십상이며, 특히 자기방어적인 행위의 산물이 되곤 한다. 리처드 세넷(R. Senett)은 "이러한 공동체에 대한 갈구가 "이민자들과 다른 국외자들을 거부함으로써 표현"되고 있다고 경고한다(Sennett, 1988: 138; 『액체근대』, 285쪽 재인용). 세넷은 "그 '우리'라는 느낌, 비슷해지려는 욕망을 표현한 이 느낌은 인간이 서로를 더욱 깊숙이 들여다볼 필요가 없게 해주는 하나의 방편"이라고 사회심리학적으로 분석한다(Sennett, 1996: 36; 『액체근대』, 288쪽 재인용).[7] 그러므로 이런 의식이 상존하는 한 문화다양성이 공간을 확보한다는 것은 매우 어렵게 된다. 단일문화나 폴리스

---

7) 그러나 에릭 홉스봄에 따르면 "사회학적 의미에서의 공동체를 실제 삶에서 찾아보기 힘들게 된 최근 수십 년 동안처럼 '공동체'라는 말이 무분별하고 공허하게 남발된 적은 없"으며, "남녀들은 다른 모든 것들이 이동하고 변화해 그 어떤 것도 확실치 않은 이 세상에서, 확실하고도 영원하게 소속될 수 있는 집단을 찾고 있다." 족 영(Jock Young)은 이런 평가에 대해 "공동체가 붕괴되는 만큼 그에 비례해 공동체의 정체성이 고안된다"고 해석한다(『액체근대』, 273쪽).

의 일체성은 대체로 주류사회나 지배계급의 관점에서 추구되는 경우가 많다. 그래서 이런 경향에는 승자의식이나 선민의식이 선악의 이분법의 형태로 깔려 있기 마련이다. 마사 누스바움(M. C. Nussbaum)은 인간들이 거대한 '문명의 충돌'에 속한 참여자로서 자신들을 인식하는 사태를 기분 좋게 여긴다는 '인간학적 사실'로부터 출발하여 자신의 진영은 선하고 순수하며 다른 진영은 사악한 집단으로 구분하는 관점은 모든 지역과 역사 속에 편재한다고 고찰한다. 그러나 그녀에 따르면 "'순수'에 관한 이러한 신화들은 해롭고 악독하다". 또한 누스바움은 자기가 속한 집단의 순수성을 고집하거나 믿는 그릇된 생각은 "이방인을 향한 적개심을, 그리고 내국민을 향한 적개심에 대한 무감각만을 양산할 뿐"이라고 단언한다(마사 누스바움, 2011: 64).

이상적인 경우 동물적 생존 자체를 넘어선 인격적 존재로서의 인간의 구현 가능성은 개인과 공동체의 원만한 상호작용에서, 즉 개인의 성장과 공동체의 발전이 동시에 이루어지는 방향에서 모색된다. 그러나 이러한 기대는 공동체와 개인의 비대칭적 관계, 개인과 개인, 집단과 집단 사이의 불평등 등의 요인으로 말미암아 단순히 희망 이상의 의미를 가지지 못한다. 여기서 바로 사회·경제적 불평등과 함께 문화적 불평등이라 할 수 있는 문화다양성의 문제가 생겨난다. 그래서 공동체를 구성하는 기본 요소로는 언어·인종·문화·전통·종교 등이 바로 문화다양성과 연관된 문제와 논란거리를 만들어내는 원천이기도 하다. 문화다양성의 문제는 개인과 공동체 사이에서도 발생할 수도 있지만 대체로 주류사회와 소수자 집단 사이의 관계에서 형성된다. 결국 문화다양성의 담지자인 소수자 집단의 공동체성과 문화적 기여를 조명하고 미래사회에서 전망하는 역사철학적 시각이 요청된다. 즉 인류라는 종의 유지를 위해 문화다양성을 통한 이런 변화가 시사하는 것이 무엇인지를 규명하는 작업이다.

4. 인간세계의 문화다양성과 생물세계의 종의 다양성

자연사실로부터 인간세계에 유의미한 관점을 획득하려는 시도는 근대 이후 지속적으로 이루어져왔다. 그러나 인간세계와 인간종의 특징은 단순히 자연사실로 환원될 수 없는 특유의 차원들도 보유하고 있다. 그럼에도 '자연이라는 책'과 같은 은유가 보여주듯이 자연세계는 인간들의 삶에 끊임없이 지혜를 제공해주는 위상을 가지고 있다('natura magistra vitae'). 일반적으로 생물의 영역에서는 종의 다양성이 바람직한 생존의 토대라 간주된다. 생물 영역에서는 종이 다양할수록 생태계는 변화하는 환경

조건에 더 잘 적응하고 버틸 수 있게 된다. 각각의 종은 생존을 위해 다른 종에 의지하고 이러한 관계가 연결되는 생명의 그물 속에서 자신의 역할을 수행한다. 그러므로 하나의 종이 사라지게 되면, 생명의 그물의 균형이 깨지게 되어 결국 우리가 향유하는 생태계 서비스에 영향을 미친다. 어떤 군집에 종의 개체수가 많으면 많을수록 해당 종의 유전자 풀(pool)을 증가시켜 환경의 변화에 더 잘 적응하도록 한다. 유전적 다양성은 야생종과 사육종 모두 환경 변화와 병원체에 대응할 수 있게 해주는 기본적인 자원이다.

그러나 우리가 자연의 진화와 같은 일반적 원리를 인간세계에 적용하여 문화다양성 문제를 쉽게 해결할 수 있을 것으로 기대하는 것은 단견이라 볼 수 있다. 이는 생물 영역에서는 생존 자체가 사실상 최고선이라 할 수 있는 반면, 인간세계는 위에서 살펴본 바와 같이 단순한 생존 이상의 가치를 추구하기 때문이다. 또한 인류가 어떤 지향점을 추구할 것인가를 단순히 자연의 선택에 내맡길 수도 없는 역사철학적 문제이다. 그래서 인간종의 위상을 함양하는 노력을 스스로 그리고 지속적으로 경주해야만 한다. 이런 배경에서 정신적 가치로서의 문화의 창조와 유지라는 목표를 위해 인간세계에서는 종의 단일성을 기반으로 하는 정치공동체나 문화집단을 추구하는 강한 경향이 확인된다. 칸트에 따르면 "인간은 타인과 더불어 유를 이루며 살 때 어떤 지배자를 필요로 하는 동물"이다(임마누엘 칸트, 이한구 편역, 2009: 32). 이는 인간세계에서 일종의 위계적 질서가 불가피하다는 것을 시사한다. 칸트는 자연 소질의 발전 자체가 인류 미래의 목표가 아니라고 이야기한다. 그래서 그는 "굽은 목재"라는 비유를 통해 오히려 자연 소질의 변화는 아주 먼 미래에나 성취될 수 있는 아득한 것으로 표현한다. 오히려 그가 경륜, 통찰력, 선한 의지와 같은 지도자의 덕목들을 언급하는 것을 보면 원심력보다는 구심력에 더 큰 의미를 부여하고 있다(임마누엘 칸트, 이한구 편역, 2009: 33). 그래서 인간사회는 구의 중심으로부터의 원근의 관계를 통해 강력한 질서가 구축되고, 이러한 질서 속에서 개별로서는 열약하고 이기적인 존재인 인간들이 결집하여 공통의 목적과 동시에 자기실현을 추구하게 된다. 그래서 종의 단일성이 또한 단일민족과 단일문화라는 오랫동안 인간세계를 추동해 온 지향점을 통해 지배 이데올로기의 대상이 되어 온 것도 엄연한 사실이다.

일견 생물 영역에서의 종의 다양성과 인간세계에서의 종의 단일성은 서로 대립되는 것처럼 보인다. 물론 두 영역을 직접적으로 비교하는 것은 적절하지 못하지만, 환경변화에 대한 적응이라는 공통의 요소가 두 세계 모두에게 적용될 수 있다. 인간에게는 자연적 환경뿐만 아니라, 삶의 형식으로서 인간의 행위를 효율적으로 인도하는 문화적 환경이 주어져 있다. 이 환경은 새로운 문화 형성의 원천이면서도 동시에 (종종 문화의 비극을 초래하는) 비대칭적으로 과도한 객관문화들의 세계이기도 하다. 이런 배경에서 유전적 다양성처럼 다양한 문화적 환경들에서 문화적 통일성을 수립할 수 있는 능력이 인간에게 요구된다. 그래서 짐멜은 문화를 인간이 발전 가능성으로 보유하고 있는 "폐쇄된 통일성에서 출발해 전개된 다양성을 거쳐 전개된 통일성에 이르는 길"(게오르그 짐멜, 김덕영·배정희 옮김, 2007: 22)로 규정한다. 여기서 생물 영역에서의 종의 다양성과의 유비적 관계에서 파악할 수 있는 문화 형성의 과정을 상정할 수 있다. '불임의 동종교배'라는 비유로 새로운 동기 부여나 시대적·사회적 변화를 감안하지 못하는 잘못된 학문적 관행을 비판하고 있는 짐멜은 이러한 문화 형성의 생산적 기반을 명확히 밝히고 있다(게오르그 짐멜, 김덕영·배정희 옮김, 2007: 52). 인류의 발전을 가능하게 하는 진정 창조적인 문화 형성을 위해서는 무엇보다도 기존의 환경 속으로 새로운 문화적 차이들이 유입되고 서로 혼융될 수 있는 과정이 필요하다. 그 다음 이러한 혼융의 결과로 현실에 어울리는, 즉 시대적·사회적 욕구에 부응할 수 있는 새로운 삶의 양식과 문화들이 나타나고, 마지막으로 선별과 착종의 과정을 거쳐 상대적으로 지속적인 문화적 기점이 성립하게 된다.

그런데 이러한 이상적인 기대와는 달리 인간세계에는 원활한 문화적 교류가 진행되고 공존을 위한 삶의 양식을 찾으려는 노력이 실제로 그렇게 큰 성과를 얻지 못하는 경우가 허다하다. 오히려 대립과 갈등, 배제와 통합이 더욱 빈번하게 이루어진다. 혼융과 착종으로서의 '문화화'는 문화적 차이들을 발전적 계기로 받아들이고, 기존의 삶의 양식을 벗어나 자신의 생활 속에 반영할 수 있는 실천이 따르는 경우에만 기대할 수 있다(최성환, 2015: 125). 여기서 바로 증식되는 문화적 가치가 생겨난다. 그러므로 외면적으로만 그러한 문화적 차이를 용인하는 것으로는 부족하다. 이는 항상 소외와 갈등의 상황을 반복할 수 있다. 그래서 짐멜은 문화적 산물들이 부가물처럼 그저 외적이며 언제나 외적으로 머무는 가치 영역에서 주어진다면 "한 인간에게 가능한 모든 지식과 기교, 세련됨은 그가 정말 문화화되었다고 간주하는 근거가 될 수 없다"고 단언한다(게오르그 짐멜, 김덕영·배정희 옮김, 2007: 23). 그래서 이제 공동체를 기반으로 기존의 문화적 중심에 정향된 삶의 양식과 새로운 문화 현상들의 유의미한 결합이 성립될 수 있는 가능성이 모색되어야 한다. 이는 또한 소극적 관용에서 적극적 인정 투쟁으로의 이행을 요청하는 것이기도 하다.

5. 문화다양성과 공동체의 '접속 지점'

위에서 바우만이 경계들이 '분리의 기능'과 '접속 지점'의 역할을 동시에 수행한다고 언급한 사실을 상기하면 문화다양성의 실천에서 중요한 것은 문화적 차이가 어떤 맥락에서 우리의 공동체적 삶의 일부로 수용될 수 있는가 하는 문제이다. 그래서 문화다양성의 문제는 자연스럽게 '관용의 구상'과 연결된다. 특히 마이클 왈쩌에 따르면 문화, 종교 그리고 생활 방식에서의 차이가 현안문제로 부각되는 경우, 예를 들어 타인이 같은 경기의 참가 동료가 아니고, 공통적인 경기가 없으며, 그들이 양식화하고 법규화한 차이에 사람들이 따르고 싶은 내재적 욕구가 없을 경우에 대두되는 관용의 문제가 관건이 된다(마이클 왈쩌, 송재우 옮김, 2004: 25). 그러나 문화다양성 개념은 논리적으로 이미 공동체를 전제하고 있다. 그렇지 않다면 문화다양성이라는 표현도, 관용과 갈등의 가능성도 애초부터 성립하지 않는다. 관용 그 자체는 물론 훌륭한 덕목이지만, 그런 태도가 아무런 문제없이 지속적으로 유지되리라는 보장도 없다. 결국 본질적인 과제는 문화다양성이 관용을 넘어 상호작용의 관계에서 수용될 수 있는 바람직한 공동체를 구상하는 것이다. 여기서 '이념으로서의 문화다양성'이 요청된다. 현실적 충족을 넘어서 새로운 가치

증식을 도모하는 노력이 이제 당위로서 그 정당성을 확보하게 된다. 인간에게 동물적 생존을 넘어서 추구되는 가치들이란 문화적 유산, 정신적 업적, 윤리적 가치, 종교적 표상 등과 같은 정신적 산물이라 할 수 있다. 그러므로 인간에게 물질적 차원에서의 삶의 보장을 넘어서 이러한 가치 실현을 추구하거나 보장할 수 있는 기반 중에 하나가 바로 문화다양성이다.

그렇다면 이러한 문화적 다양성을 토대로 형성될 수 있는 공동체 형식은 무엇일까? 여기서 우선 우리는 '동화(assimilation)'와 '통합(integration)'을 서로 구별할 필요가 있다. 동화란 "소수자 집단들이 자신의 고유한 특성들을 상실하고 주류문화의 한 부분이 되는 과정"인 반면, 통합은 사회적 측면과 문화적 측면을 모두 보유하고 있다. "먼저 사회적 측면에서 소수자 집단이 그 사회의 경제, 정치 등의 삶 속에서 충분히 일부분으로 역할을 하고, 그 구성원들이 다른 집단의 성원들과 많은 사회적 접촉을 갖는다"는 것을 의미한다. "문화적 측면에서는 소수자 집단이 특정한 측면—예를 들어 개인적 생활 양식—에서는 고유성을 유지하지만, 동시에 그 구성원들이 전체로서의 민족을 정치적 충성의 주된 대상으로 동일시하게 되는 것"을 뜻한다(곽준현, 2010: 114). 이런 방식으로 소수자 집단의 구성원들이 "모두가 공유하는 [주류다수] 문화와 자신들 고유의 문화 및 공동체에 참여할 기회와 기능을 부여받게 되면, 그들은 자신들의 개인적·시민적 요구가 충족되고 성장하고 번영할 수 있는 최상의 기회를 얻게 되며, 국가 시민문화에 공헌할 수 있다"는 낙관적인 전망도 있다(김용신, 2013: 107). 세일라 벤하비브(S. Benhabib)는 "왜 꼭 문화와 집단의 고유성을 유지하기 위해 닫힘이 필요하다는 것인가?"라는 물음을 던진다. 그는 "문화적 통일성과 정치적 통일성을 구분"하고, "건전한 자유민주주의에서는 느슨한 국경이 현존의 민주적 다양성을 해치는 것이 아니라 오히려 풍요롭게 해주는 것"이라고 제안한다(세일라 벤하비브, 이상훈 옮김, 2008: 150).

오늘날의 사회적 분위기를 감안할 때 통합이 더 이상 전통적인 공동체를 모델로 시도되어서는 안 될 것이다. 알랭 투렌(A. Touraine)은 현대사회에서는 이미 오래 전부터 "사회적 존재로서의 인간, 그/그녀의 행위나 행동이 그들의 사회적 지위를 결정하고 그 지위에 의해 그들의 사회적 정체성이 결정되는 방식이 끝났다"고 분석한다. 따라서 사회적 행위자들이 문화적 심리적 특수성을 지켜내려면 "그들을 결합할 원리를 개인 안에서 찾아야지 사회제도나 보편적 원칙들에서는 찾을 수 없게 되었다는 자각"이 요청된다(Touraine, 1998: 177; 『액체근대』, 284쪽 재인용). 여기서 우리는 '안정적인 의미의 공동체'와는 구별되는 '기술적(descriptive) 의미에서의 공동체'를 생각해볼 수 있다. 개인들이 스스로 공동체 의식을 가지고 긍정적인 일련의 가치를 실현할 수 있는 가능성을 기술적인 의미에서의 공동체가 가질 수 있다. 그래서 이 공동체는 "미발현된 잠재적 능력을 함축하고 있는 열망적인 공동체일 수도 있다"(카츠·나딩스·스트라이크 엮음, 윤현진 외 옮김, 2007: 248).[8]

현대사회의 구성원들, 특히 문화적 소수자들이 경험하는 '법률상(de jure) 개인'이라는 조건과 '실제상(de fcto) 개인'이 될 기회 사이의 간극을 고려하게 되면 우리는 사회적 관계에 대한 다양한 양상들을 허용하고 개인의 문화적 활동 공간이 확보될 수 있는 공동체 구상이 필요하다. 하지만 문화다양성을 수용하는 공동체를 구현하는 일은 결코 녹록한 과제가 아니다. "소요와 적대감의 바다 속에서 아늑하고, 쾌적하고 평온한 섬을 찾는 일"로 비유되는 공동체 형성을 위한 투쟁은 그 자체가 인류의 역사이며 동시에 오늘을 살아가는 인간들의 일상이다(『액체근대』, 290쪽). 이 투쟁은 민족과 민족, 국가와 국가, 집단과 집단 그리고 개인과 개인 사이에서 끊임없이 이어져 오고 있다. 역사철학적으로 흥미로운 것은 투쟁의 역사가 인간 세계에게 새로운 문화

---

8) 로렌스 불룸, 「민족성, 정체성, 공동체」(카츠·나딩스·스트라이크 엮음, 윤현진 외 옮김, 2007). 그러나 저자는 공동체 의식을 갖고 있는 모든 공동체가 훌륭하거나 가치가 있는 공동체는 아니라고 주장하면서 그 예로 나치의 청년집단이나 이교도 집단을 들고 있다.

와 문명의 탄생이라는 성과를 가져다주었다는 점이다. 하루하루를 살아가는 인간에게 고통스러운 현실도 큰 역사의 흐름에서는 발전의 계기가 된다는 것은 '이성의 간계(die List der Vernunft)'가 웅변해주는 사실이다. 마찬가지로 공동체 혹은 공동체 의식은 '파마르콘(pharmakon)'이다. 그것은 치유의 약도 되지만 다른 개인들의 존립 혹은 다른 공동체를 해치는 독약이 될 수도 있다. 그러므로 서로의 고유성을 훼손시키지 않으면서 공존의 가능성을 모색할 수 있는 발상이 중요하다.

6. 관용의 사회에서 인정의 사회로

위에 언급한 것처럼 관용은 그 자체로 바람직한 덕목이며 '문화의 병렬'을 가능하게 하지만 문화적 차이를 기반으로 새로운 문화를 형성하는 길을 개척하기에는 한계가 있다. 그러므로 문화다양성을 지향하는 공동체 형식을 구상하기 위해서는 사회에서의 인간 관계 형성의 기본적 구조를 파악하는 것이 중요하다. 이는 공동체가 과연 무엇을 기본적으로 보장하거나 방지해야 하는지, 그리고 어떤 가치가 인간사회에서 본질적인지라는 물음을 해명하는 일이다. 여기서는 악셀 호네트(Axel Honneth)의 '인정

투쟁 이론'이 도움을 줄 수 있는 것처럼 보인다.

프랑크푸르트학파의 3세대로 불리는 호네트는 홉스의 '만인에 대한 만인의 투쟁' 개념을 재해석한 청년 헤겔의 '인정투쟁'에 주목하면서 인정과 갈등 해결 간의 필연적 관계를 해명한다. 호네트는 자연 상태에 선행하여 상호 인정 상태가 전제될 수밖에 없다고 주장하면서, 홉스적 투쟁 개념 역시 자기 보존을 위한 이기주의적 투쟁이 아니라 자신의 존재를 인정받기 위한 인정투쟁으로 재해석한다. 헤겔은 예컨대 토지와 같은 소유물을 둘러싼 투쟁은 단지 한 개인이 토지를 독점적으로 소유함으로써 다른 사람의 이익을 침해하고, 또 이를 통해 그의 생존을 위협했기 때문이 아니라, 이미 존재했던 상호 인정 관계를 훼손했기 때문에 발생한다고 주장한다. 헤겔에 따르면 서로 공존하고 있는 개인들이 서로에 대해 암묵적으로 갖고 있는 인정에 대한 믿음과 기대가 훼손되지 않는 한 이들 사이에 투쟁이 일어나지 않는다. 따라서 배제된 사람이 저항하는 이유는 직접적인 생존의 위협에 대한 공포감 때문이 아니라 자신의 존재가 무시당하고 공존의 전제였던 상호 인정 관계가 훼손되었다는 억울한 감정에 있다는 것이다. 결국 개인 간의 갈등 해결은 이전의 상태로의 복귀가 아니라, 투쟁에서 드러난 상호무시라는 경험에 기초하여 새로운 상호 인정 관계를 형성하는 길이다(악셀 호네트, 문성훈·이현재 옮김, 2011: 77).

　호네트의 이론이 문화다양성 공동체 구상과 연관해서 흥미를 끄는 것은 이 이론이 "복종을 유도하는 사회적 인정을 도덕적으로 정당화하기 위한 것이 아니라, 오히려 기존의 인정 질서를 확장하고자 하는 사회적 투쟁을 정당화하기 위한 것"이기 때문이다(문성훈, 2005: 141). 호네트는 '개인의 특성'과 '타인의 안녕'을 각각 소홀히 하는 칸트의 도덕관과 아리스토텔레스의 도덕관을 비판하면서 "도덕을 행복한 삶의 조건을 보장하는 일종의 '보호 장치'로 파악"한다. 이러한 보호 장치가 필요한 것은 인간의 삶이 항상 훼손될 가능성에 노출되어 있기 때문이다. 특히 사회적 소수자의 입장을 고려하면 이러한 장치는 더욱 절실한 것이다. 호네트의 이론에서 핵심적인 가설은 "개인의 정체성 유지가 자기 자신에 대한 긍정적 태도가 형성될 때 가능하며, 긍정적 자기 관계는 다시 타인에 대한 긍정적 평가나 반응에 의존하고 있다는 점이다". 결국 이러한 평가나 반응을 얻지 못하게 되면 내면적인 고통뿐만 아니라 자기 자신에 대한 긍정적 관계도 기대할 수 없다. 그러므로 이러한 훼손 가능성을 염두에 두면 "개인을 보호하기 위한 인간 상호간에 도덕적 의무"가 요구된다. 이러한 의무가 충족되면 개인의 행복한 삶의 조건은 바로 자기 자신에 대한 긍정적 태도와 이를 가능하게 하는 타인의 긍정적 평가이다(문성훈, 2005: 142).

또한 호네트의 이론에서 전개되는 상호주관적 구도, 즉 인정 시도에 기반한 주체와 다른 주체, 즉 타자의 연결은 문화다양성을 지향하는 공동체 구상과 연관해서 중요한 의미를 가진다. 예를 들면 레비나스, 데리다, 왈쩌와 같은 현대 철학자들에게 타자는 윤리적 주체의 행위 대상으로서 결국 시혜 내지 베풂의 대상이 되고, 타자 스스로가 자신에 대한 폭력을 극복하려는 능동적 주체로 등장하지 않게 된다(문성훈, 2011: 410). 이에 반해 상호주관주의의 구도에서 윤리적 행위 주체는 칸트처럼 보편타당한 원칙을 통해 스스로를 반성하는 것이 아니라 "타자의 시각을 통해 자기 자신을 반성하는 탈중심화된 주체이다". 상호주관주의가 전제하는 타자는 독립적인 주체의 활동인 책임·관용·환대, 즉 "일종의 시혜의 대상으로 삼는 수동적 존재가 아니라, 이제 주체에게 적극적으로 반응함으로써 주체의 자기의식 형성에 결정적 영향을 미치는 능동적 주체"이다. 이것이 바로 "자아와 타자가 서로 공존하고 화해를 모색하는 상호주관적 방법"이다(문성훈, 2011: 411).

호네트의 인정 윤리는 이러한 상호주관주의적 입장을 전제로 한 윤리적 태도로서 타자에 대한 인정을 요구한다(문성훈, 2011: 412). 이때 중요한 것은 상호 인정이 각각 다른 정체성을 독립적으로 보유한 개인들 사이의 윤리적 의무를 통해 형성되는 것이 아니라는 점이다. 이는 "자아정체성 형성과 인정투쟁이라는 이 중적 의미에서의 역동적 과정"을 전제한다. 호네트가 조지 허버 트 미드(G. H. Mead)의 상징적 상호작용론에 기초해서 전개하는 이론에 따르면 "한편으로 자아는 '목적격 나'에 저항하는 '주격 나'의 정체성 요구가 구체화되고, 이에 대한 타인의 인정이 이루 어지면서 주격 나의 요구가 목적격 나와 일치되는 과정을 통해 형성된다. 다른 한편으로 이러한 인정의 획득은 자신의 정체성 을 인정받고자 하는 인정투쟁을 통해 야기된 상호주관적 과정이 라는 것이다"(문성훈, 2011: 413). 당연히 인정의 대척점에는 정체 성 요구가 거부되는 무시의 가능성들이 설정된다. 그래서 호네 트의 인정투쟁 이론은 "사회적 다수자의 기득권 그리고 사회적 소수자들에 대해 가해자는 차별과 배제를 이러한 사회적 인정과 무시의 형태에 따라 일반화"할 수 있는 이론적 기반을 제공한다 (문성훈, 2005: 145). 인정과 무시의 이런 이중적 측면은 특히 문화 다양성의 갈등과 수용의 과정을 잘 설명해줄 수 있으며, 문화적 차이와의 조우와 착종이라는 문화화 현상과도 잘 부응한다.

호네트는 신체와 욕망을 지닌 '자연적 존재', 다른 사람과 동일 한 '보편적 존재', 다른 사람과 구별되는 '특수한 존재'라는 인간 의 세 가지 정체성 심급에 상응하게 인정과 무시의 일반적 유형들을 제시한다(악셀 호네트, 문성훈·이현재 옮김, 2011: 144). '사랑', '권리 부여', '연대'라는 긍정적 인정의 토대와, '학대 행위', '권리 배제', '연대의 배제'라는 부정적 무시의 토대는 사실 양극단에서 현실 속에 생겨날 수 있는 다양한 인간 관계의 유형들을 만들어 낸다. 그러나 호네트의 관점은 기본적으로 파국적인 경우를 상정한 것이 아니라 공동체라는 울타리와 현실 속에서 구현될 수 있는 인정의 노력을 지향한다. 현대사회의 특성상 양극단의 가능성, 즉 모든 사람이 완전한 사회적 인정을 향유한다든지, 아니면 모든 사람이 사회적 무시 때문에 전적으로 자아실현의 기회를 상실하는 경우는 대체로 존재하지 않는다. '향유 속의 갈등' 내지 '갈등 속의 향유'라는 지속적인 흐름 속에 현대인들은 살아가고 있다. "개인의 자기의식은 타인과의 관계에서 형성될 뿐만 아니라 이를 통해 성장하기 때문에 지금은 비록 사회적 인정을 향유한다 하더라도 새로운 자아정체성 요구가 등장하면서 기존의 인정질서와 대립할 수밖에 없고, 또한 기존의 사회적 인정에서 배제된 사람들 역시 자아실현의 조건을 확보하기 위해서는 현존 사회에 저항할 수밖에 없다." 따라서 기존의 사회적 인정질서와 충돌하는 개인이 증가하며, 이들의 갈등 경험이 하나의 의제처럼 설정되고 집단화될 때 현존 사회는 인정 투쟁에 직면하게 된다. 이제 성공적 자아실현, 행복한 삶의 조건을 확보하기 위한 집단적인 사회적 저항과 투쟁이 표면화된다는 것이다. "이러한 투쟁은 자신을 무시한 상대방을 파괴하려는 것도, 자신을 무시한 사회 자체를 철폐하려는 것도 아니며, 새로운 인정질서를 형성함으로써 개인의 삶을 보호하려고 한다는 점에서 도덕적 정당성을 갖는다."[9]

　문화다양성 논의와 연관해서 특히 우리의 관심을 끄는 것은 ('자연적 존재', '보편적 존재'와 나란히) '특수한 존재'라는 인간정체성 심급이다. 이 심급에 기초하여 타인과 구별되는 자신의 특수한 가치에 대한 자긍심과, 그에 부여된 사회적 평가를 통해 형성된 사회적 연대가 도출된다. 그러므로 특수한 존재로서의 인정은 문화적 차이에 대한 인정과 그 궤를 같이 한다고 할 수 있다. 이것은 정서적인 공감과도 연결될 수 있으며, 이러한 공감이 지평의 확장을 가져오고 문화적 이해를 가능하게 만든다. 이러한 이해를 바탕으로 서로의 문화적 차이를 수렴하는 새로운 사회적 합의가 도출될 수 있다. 그래서 예를 들면 지속적인 논쟁의 대상인 동성 간의 결혼과 같은 이슈들은 모두에게 허용되는 보편성의 원칙에 따라 결정되는 법적 문제라기보다는 문화적 수용과 거부, 즉 문화적 갈등의 문제라 할 수 있다. 그래서 동성 간의

---

9) 문성훈(2009), 「"나를, 우리를 인정하라"…투쟁은 계속된다」, 한겨레신문, 2009년 4월 24일자.

결혼을 허용하는 일부 국가의 경우 본질적으로 바뀌는 것은 '결혼의 정의', 즉 문화적 관념이지 결혼의 성립 여부를 결정하는 법적 규정이 아니다. 단지 법적 장치는 "문화적 차원에 내재하는 실질적인 배제"를 "사회적인 차원에 내재하는 원칙적인 포함을 통해서 완화"시키는 역할을 수행할 따름이다(Bickmann & Mall et. al., 김정현 엮음, 2010: 215).

인정과 무시의 문제는 특히 개개인의 삶의 가치를 가장 우선시하는 영역에서 특별한 의미를 가진다. 그러나 공동체의 존재가 이런 개인의 내밀한 삶의 영역을 모두 법적으로 보장하거나 금지할 수는 없을 것이다. 그러므로 법적 보편성과 문화적 개별성이 상보적으로 사회적 완충지대를 형성하면서 갈등의 관계가 대화의 관계로 전환되는 사회적·역사적 경험들이 축적되어야 한다.

7. 나가는 말

: 현대사회의 공동의 생활 양식으로서의 문화다양성

현대사회는 "불확실성, 불안정, 불안전이라는 세속적 삼위일체"(『액체근대』, 289쪽)에 의해 지배되는 사회라고 한다.[10] 그러나 현대사회와 현대인의 이러한 특징들이 단순히 부정적인 것으로 간주되어서는 안 된다. 이러한 특징들은 모두 관계의 산물이며, 새로운 삶의 양식이 성립된다는 것을 나타내는 표식이기도 하다. 그런 맥락에서 우리는 통시적 관점이 아니라 공시적 관점에서 새로운 현대문화의 형성에 대해 살펴볼 필요가 있다.

　서양의 근대는 강력한 종교적·정치적·경제적 이데올로기에 지탱된 세계관이다. 그것은 그리스도교·민주주의·자본주의라는 굳건한 틀로 여전히 엄청난 위력을 발휘하고 있지만 예사롭지 않은 균열의 현상들로 관찰되고 있다. 이 균열 속에 새로운 문화의 가능성들이 배태되고 있다. 이 가능성들은 이미 다른 문화권역에서 확고한 위상을 가지고 있다가 유입된 것이거나, 아니면 같은 문화권역의 주변부를 배회하다가 조금씩 중심으로 진입하거나, 또는 전적으로 새롭게 형성되는 것들이다. 오늘날 전개되고 있는 4차 산업혁명이라는 변화 속에 등장하는 '초연결사회'와 그 이면인 '초단절사회'도 이러한 새로운 가능성들 중의 하나일 것이다. 문화다양성에 대한 논의는 탈근대의 흐름 속에서 잉태되고 번식되는 담론의 하나이다. 그것은 근대의 파시스

---

10) 여기에는 '견고하지 못하고 변덕스러운' 세상으로 현대의 특징을 열거한 유럽 사상가들의 표현들을 열거되어 있다. '불안정성(précarité)', '불확정성(Unsicherheit)', '위험사회(Reisikogesellschaft)', '불안(incertezza)', '불안정(insecurity)' 등이 그것이다. 『액체 근대』, 255쪽.

트적 속도에 대항하는 노마드적 속도에서 표출되는 기존 사회에 대한 '이의제기'이며, 경계와 편견을 넘어서 '계몽의 계몽'을 추구하는 노력의 일환이다. 우리는 많은 곳에서 기존 질서에 순응하는 태도에서 새로운 문화 형성을 위해 유연하게 대처하는 자세로의 전환을 확인할 수 있다. 이런 배경에서 문화다양성은 그 자체가 시대의 성격에 부합하는 유동하는 세계의 증거이다. 이제 각 시대와 사회의 문화적 중심이 모든 시대와 사회에 타당한 준거점이 될 수 없다는 각성이 중요하다. 그래서 인간사회의 발전을 위한 노력은 'ergon'(결과물)에가 아니라 인류사에서 문화적 창조를 가능하게 하는 근본적인 'energeia'(활동성)의 관점에서 이해되고 추구되어야 하며, 여기에 문화다양성의 긍정적인 위상이 놓여 있다. 아직 성급한 판단을 내리기는 이르지만 기존에 국가나 사회에서 중심적으로 의제화되었던 많은 주제들과 관심들이 개인적 삶의 영역 속으로 스며들어 미분화될 것이라는 것에 사람들은 대체로 동의한다. 이런 흐름에 부응하여 개인적 삶이 중심이 되는 문화다양성이 자연스럽게 착종될 것처럼 보인다. 그러나 위에서 언급한 통일적인 공동체적 삶을 지향하는 인간들의 경향성 또한 부인할 수 없는 현실이다. 그래서 과거의 삶의 형식과 전통과의 단절은 분명해보이지만 그러나 이행이 어떤 방향으로 진행될지는 매우 불확실하다(지그문트 바우만, 한상석 옮김,

2010: 7~11).11) 이러한 두 가지 근본 사실에서 어떤 갈등이 혹은 시너지가 생겨날지는 단정할 수 없다. 문화다양성 담론이 기존의 문화 개념의 한계와 획일성을 폭로하는 노력이지만 그 자체가 특정한 시대와 사회의 변화와 요구에 부응하는, 즉 가변적인 삶의 기예(Lebenskunst)라는 측면에서 여전히 제한적인 구상임을 함축한다. 그러므로 담론의 성과를 독단화하지 않는 성찰적 자세가 중요하다(최성환, 2017: 165). 다만 분명한 것은 시대와 사회가 지속적인 변화에 노출되어 있으며 그러므로 지속적인 형성의 과정이 진행되고 있다는 사실이다.

　유동적인 현대사회가 불안정한 것은 사실이지만 변화의 흐름 속에서 문화다양성이 발전을 위한 토대가 될 수 있다. 왜냐하면 문제와 직면하고 그 해결책을 모색하는 과정에서 기존의 구성원

---

11) "유동하는 근대"라는 슬로건과 함께 지그문트 바우만은 오늘날 "전례 없는 새로운 생활환경 속에서 각자의 삶을 추구하고 있는 개인들은 이전까지는 결코 마주한 적이 없는 일련의 도전에 직면하고 있다"고 주장하면서 그것을 다섯 가지 형태로 요약하고 있다. 먼저 근대성이 견고한 국면에서 유동하는 국면으로 바뀌었다. 그래서 결론적으로 "개인들은 일관된 전략을 개발하기 어려운 것은 말할 것도 없고, 자신의 인생을 설계해 꿈을 이루는 데 필요한 시간도 턱없이 부족하다". 둘째 국민국가라는 울타리에서 벗어나 정치적으로 규제받지 않는 전지구적(그리고 많은 면에서 치외법권적) 공간으로 이전되고 있다. 셋째, 개인을 보호하는 국가 공인 장치가 점점 줄어들고, 사회적 유대가 기반하고 있는 토대 역시 약화되고 있다. 넷째, 장기적인 안목보다는 기회와 상황에 맞게 그때그때 반응해야 하고 적응해야 할 필요성이 증가한다. 다섯째, 끊임없이 순식간에 변화하는 상황 속에서 당혹스러운 일들을 해결해야 하는 책임을 이제 개인이 떠안게 된다. 그래서 개인의 이해관계에서 가장 도움이 된다고 선언되는 덕목은 규칙에 순응하는 태도가 아니라 그런 규칙에 유연하게 대처하는 능력이다.

들의 반성적 능력과 실천적 역량, 즉 "의미를 함께 나누고 합의할 만한 공동의 생활 양식(modus convivendi)을 얻기 위해 타협하는 기술"(지그문트 바우만, 한상석 옮김, 2010)도 향상될 수도 있기 때문이다. 따라서 공동체 안에서도 평등한 사회나 갈등 없는 사회라는 환상 대신에 소통적 경험을 축적하고 개방적 삶의 태도를 함양함으로써 타자와 나의 간극을 점진적으로 줄여 나가는 노력이 중요하다. 이를 위해서는 "급진적 타자와의 조우를 통해 형성되는 행동 규칙을 발굴하는" "관찰하는 이성"(beobachtende Vernunft)이 요청되며, 이것이 공동체와 인간에 대한 올바른 이해를 가능하게 한다(F. 펠만, 최성환 옮김, 2012: 206). 문화다양성의 시대에 우리에게 필요한 것은 시대에 걸맞은 시민의식을 형성하는 것이며 그런 방향으로 시민교육을 활성화하는 것이다.

참고문헌

강대기(2001), 『현대사회에서 공동체는 가능한가: 개인의 자유와 공동체
   적 결속 사이에서』, 아카넷.

곽준현(2010), 『경계와 편견을 넘어서: 우리시대 정치철학자들과의 대
   화』, 한길사.

김용신(2013), 『글로벌 시민교육론』, 이담.

문성훈(2005), 「소수자 등장과 사회적 인정 질서의 이중성」, 『사회와철
   학』 9, 사회와철학연구회, 129~155쪽.

문성훈(2009), 「"나를, 우리를 인정하라"…투쟁은 계속된다」, 한겨레신
   문, 2009년 4월 24일자.

문성훈(2011), 「타자에 대한 책임, 관용, 환대 그리고 인정: 레비나스,
   왈쩌, 데리다, 호네트를 중심으로」, 『사회와 철학』 21, 사회와철학
   연구회, 391~418쪽.

서윤호(2012), 「다문화주의와 문화다양성: 다문화법제의 기본개념 분석」,
   『일감법학』 23, 283~321쪽.

이진우(2020), 「코로나의 철학적 도전: 안전인가 아니면 자유인가?」, 『철
   학과 현실』 126, 68~85쪽.

정상준(1995), 「문화적 다양성과 다문화주의」, 『외국문학』 43, 79~95쪽.

최성환(2015), 「다문화 시민교육의 이념: M. 왈쩌의 관용론과 M. 누스바움
　　의 시민교육론을 중심으로」, 『다문화콘텐츠연구』 18, 97~129쪽.

최성환(2017), 「다문화 인간학의 정초를 위한 시론」, 『다문화콘텐츠연구』
　　25, 157~183쪽.

현택수(1996), 「피에르 부르디외의 사회 이론」, 『경제와 사회』 32, 비판사
　　회학회, 83~105쪽.

F. 펠만, 최성환 옮김(2012), 『행복의 철학사』, 시와진실.

게오르그 짐멜, 김덕영·배정희 옮김(2007), 『게오르그 짐멜의 문화 이론』,
　　길.

로렌스 블룸, 「민족성, 정체성, 공동체」, 카츠·나딩스·스트라이크 역음,
　　윤현진 외 옮김(2007), 『정의와 배려』, 인간사랑, 233~265쪽.

마사 누스바움(2011), 『공부를 넘어 교육으로: 학교는 시장이 아니다』,
　　궁리.

마이클 왈쩌, 송재우 옮김(2004), 『관용에 대하여: 야만이 아니라 문명의
　　방식으로 답하라』, 미토.

세일라 벤하비브, 이상훈 옮김(2008), 『타자의 권리』, 철학과현실사.

아리스토텔레스, 천병희 옮김(2009), 『정치학』, 숲.

악셀 호네트, 문성훈·이현재 옮김(2011), 『인정투쟁: 사회적 갈등의 도덕
　　적 형식론』, 사월의책.

임마누엘 칸트, 이한구 편역(2009), 『칸트의 역사철학』, 서광사.

지그문트 바우만, 이일수 옮김(2009), 『액체근대』, 강.

지그문트 바우만, 조은평·강지은 옮김(2012), 『고독을 잃어버린 시간』, 동녘.

지그문트 바우만, 한상석 옮김(2010), 『모두스 비벤비: 유동하는 세계의 지옥과 유토피아』, 후마니타스.

Bickmann, C. & R. A. Mall et. al., 김정현 엮음(2010), 『상호문화 철학의 논리와 실천』, 시와진실.

Habermas, J.(1986), *Nachmetaphysisches Denken. Philosophische Aufsätze*, Frankfurt a. M.

Leicht, I.(2009), *Multikulturalismus auf dem Prüfstand. Kultur, Identität und Differenz in modernen Einwanderungsgesellschaften*, Berlin.

Touraine, A.(1998), "Can we live together, equal and different?", *European Journal of Social Theory*, 2.

문화다양성 교육의 나아갈 방향

― 상호문화교육을 향하여 ―

서 영 지

1. 세계화와 문화다양성

태초부터 현대에 이르기까지 인간은 끊임없이 세상을 변화시키면서 살아가고 있다. 2019년 리처드 발드윈(Richard Baldwin)은 현대사회를 '세계화 4.0 시대'라고 명명했다. 세계화 1.0은 1784년 영국에서 시작된 증기기관과 기계화로 대표되는 1차 산업혁명의 시대를, 세계화 2.0은 1870년 전기를 이용한 대량생산이 본격화된 2차 산업혁명의 시대를, 세계화 3.0은 1969년 인터넷이 이끈 컴퓨터 정보화 및 자동화 생산 시스템이 주도한 3차 산업혁명의 시대를 의미한다. 2016년에는 4차 산업혁명이라는 용어가 등장하였다. 클라우드 슈밥(Klaus Schwab)은 그 해, 6월 스위스에서 열린 다보스 포럼에서, 인공지능을 통해 자동화와 연결성이 극대화되는 산업 환경의 변화를 의미하는 4차 산업혁명이라는 용어를 처음으로 사용하였다. 실제로 인공지능, 로봇, 가상현실 등은 우리 생활의 일부가 되어 가고 있으며, 예기치 않은 코로나 19 팬데믹의 영향으로 4차 산업혁명은 빠른 속도로 실현되어 가고 있다. 기업은 재택근무와 비대면 결제 및 자동화 시스템을 적극적으로 도입하고, 학교를 비롯한 교육기관은 원격수업을 실시하고, 방송 및 공공 서비스 분야 역시 비대면 방식으로 바뀌어 가고 있다. 이렇듯 사회의 주요 분야들은 의도치 않더라도 어쩔 수 없이 최첨단 기술을 사용하기 시작하였고, 우리는 비대면 문화에 적응하며 살아가고 있다. 언택트 시대의 도래로 인해 세계화 4.0 현상은 더욱 가속화되어 가고 있는 것이다.

주지하다시피 우리에게 세계화는 더 이상 새로운 현상이 아니다. 수천 년의 인류 역사에서 무역·외교·여행 등을 통해 세계화는 꾸준히 진행되어 왔다. 1990년대 초 교통·통신 수단의 발달로 인해 국가 간 교류는 급증하였으며 개인·사회·국가는 세계라는 하나의 테두리 안에서 살아가고 있다고 해도 과언이 아니다. 그렇다면 '세계화는 우리의 삶을 어떻게 바꿔 놓았는가? 세계화의 긍정적 측면은 무엇인가? 또한 부정적 측면은 무엇인가?'라는 의문을 가질 수 있다.

세계화의 긍정적 측면으로는, 우선, 인적·물적 자원의 자유로운 교역으로 인해 많은 국가들이 경제적·문화적 발전을 이룩해 왔다는 것이다. 각국은 국가 경쟁력을 높이고 빈곤과 실업 문제를 해결할 수 있었다. 또한, 각국 간의 정치·사회·문화적인 상호 의존성이 심화되면서 평화의식이 확산되고 일반 시민들의 사회적·문화적 수준이 향상되었다. 끝으로, 세계화는 환경이나 인권 문제와 같은 전 지구적인 문제를 해결하는 데도 긍정적 영향을 끼치고 있다. 그러나 이러한 세계화로 인해 빚어지는 부정적 측면도 상당하다.

첫째, 국경 없는 자유 무역과 정치적·사회적·문화적 의존성은 국가 간 격차를 심화시켜 양극화 현상을 더욱 증대시킨다. 둘째, 국가와 국가를 경계 짓는 물리적·지정학적 국경의 의미가 퇴색됨에 따라서 자국문화의 정체성을 상실하게 될 우려가 있다. 세계화는 서구화라고 할 정도로 미국을 비롯한 서구 선진국들이 세계화를 주도하고 있으며, 다수의 국가들은 선진 문화에 흡수되거나 동화되어 살아가고 있다. 셋째, 세계화는 세계시민들에게 공통적인 사회문화적 양식을 공유하게 하고, 이는 생활 양식의 보편화 또는 동질화, 취향의 표준화, 창의성의 소멸, 문화적 획일화를 초래한다. 실제로 세계화로 인해 문화 간 접촉 가능성은 높아졌지만 언어의 다양성과 여러 형태의 문화적 표현은 쇠퇴하고 있다. 이런 문제로 인해 몇몇 학자 및 연구자들은 잠재적으로 세계화는 문화다양성과는 대립되는 것으로 간주하기도 한다. 하지만 현실은 이보다는 훨씬 복잡하며, 세계화가 가져다주는 정치적 이익, 사회·문화적 변화 및 가치들이 해롭거나 무의미하다고는 단언할 수 없다.

이처럼 세계화는 동전의 양면처럼 긍정적인 면과 부정적인 면이 공존하고 있다. 이 양면이 조화를 이루어 균형 잡힌 삶을 살아가려면, 국가 간, 문화 간, 국민들 간의 상호작용이 원활하게 이루어져야 한다. 여기에서 가장 중요한 요소 중의 하나는 문화다양성이라고 할 수 있다. 최근 인공지능, 언택트 시대에서 문화다양성은 과거 어느 때보다 주목을 받고 있으며 이는 보존되어야 할 자원이자 인류의 발전을 지속 가능하게 해주는 지렛대의 역할을 하고 있다. 그렇다면, 문화다양성은 무엇인가?

문화다양성은 정의하기 복잡한 명사 중의 하나인 '문화'라는 단어와 어떤 사물이나 현상의 가짓수나 양식, 모양이 '많다'는 성질을 나타내는 '다양성'이라는 단어가 합쳐진 용어로, 현대사회에서는 일반명사처럼 쓰이고 있다. 문화다양성의 정의는 "각각의 사회와 집단이 가지고 있는 문화가 다양한 방식으로 표현되는 것으로, 언어·의상·관습·전통·도덕·종교 등의 모든 문화적 차이"(UNESCO, 2001)를 의미한다. 현대사회는 과거와 비교해 볼 때, 과학기술로 인한 외적인 변화는 물론이고, 생활 양식, 상호작용 방식, 사회적 관계, 가치관, 사고체계, 표현 방식 등까지도 많은 변화를 가져왔고, 또한 끊임없이 변해 가고 있다. 특히 이런 문제들은 규범화된 방식이나 단일한 방법으로는 치부할 수 없게 되었다. 주지하다시피 문화다양성은 가시화하거나 유형화될 수 없는 부분이 훨씬 많기 때문에, 이 용어의 개념은 가치, 또는 접근의 문제로 간주하는 편이 타당해 보인다. 문화다양성은 우리 사회에 서로 다른 문화가 존재하는 현상이나 사실 자체를 나타내는 개념이자 다양한 민족이 문화적 차이를 인정하고 공존하는 가운데 서로 발전해 나가야 한다는 가치적 차원을 함유한다.

Cunha(2007)는 "한 사회에서 진정 독특한 것은 사람들의 가치나 신념, 정서, 습관, 언어, 지식, 생활 양식 등이 아니라 이 모든 특성들이 변화하는 방식이다"라고 하였다. 새로운 시대를 살아가는 현대인들에게 중요한 것은 문화를 바라보는 관점의 문제이다. 문화는 고정된 실체가 아니라 현대사회와 현대인과 함께 변화하는 하나의 과정인 것이다. 이런 점을 고려할 때, 지금은 '문화다양성'을 이해하는 새로운 접근법이 필요한 시점이다.

이 글에서는 문화다양성과 관련된 교육의 유형이라 할 수 있는 국제이해교육, 다문화교육, 상호문화교육, 세계시민교육에 대해서 알아본 후, 최근 유럽연합, 유네스코가 주창하고 지지하는 상호문화교육에 대해서 좀 더 자세히 설명하기로 한다. 또한 다양화 시대, 다문화 시대로 변해가는 한국사회에는 어떤 유형의 다양성 교육 모델이 적합한지에 대해서 논의해보겠다.

2. 문화다양성과 교육

문화다양성은 다양한 문화가 공존한다는 단순한 차원이 아니라, 문화의 다양성을 인정하고 차이를 존중해야 한다는 핵심 가치를 갖고 있다. Banks(2008)는 문화다양성은 다문화 국가 안에서 살고 있는 집단들의 내부 및 집단들 간에 존재하는 인종·문화·민족·언어·종교의 광범위한 편차를 나타낸다고 하였다. 실제로 이런 요소들은 상호작용을 하며 국가와 민족, 나아가 세계의 다양성에 영향을 미치고 있다. 다양성에 대한 이해와 존중이 결여되면 서로 다름을 이해할 수 없고, 이는 사회적인 또는 국가적인 문제로 발전될 수 있다(Banks, 2001). Gurin(2003)은 문화다양성에 대한 교육을 통해 개인의 다양한 차이를 인식하고 인간을 연결시키는 공통성을 발견할 수 있도록 해야 한다고 주장하면서 문화다양성 교육의 중요성을 강조한 바 있다.

유네스코, 유럽연합 등과 같은 국제기구는 수십 년 동안 문화다양성과 교육 사이의 연관성에 대해 연구하였고 많은 보고서를 펴냈다. 20세기 즈음하여 교육에 대한 국제적 인식은 큰 진전이 있었는데, 그중 하나가 교육의 다층적 구조를 인식한 것이다. 교육은 지식을 전수하는 것뿐만 아니라, 경험과 기억, 창의성, 상상력과 결합된 사회적이고 문화적인 요소들을 포함하는 가치의 전달도 교육의 구성요소라는 것이다(Faure et. al., 1972; Delors et. al., 1996). 즉, 교육에 있어서 문화적 차원이 그 어느 때보다 강조되기 시작하였다.

문화다양성을 강조한 교육의 유형으로는 국제이해교육, 다문화교육, 상호문화교육, 세계시민교육 등이 있다. 이들 교육의 형태 및 내용은 서로 중복되는 부분도 있지만, 각각이 교육이 추구하는 가치의 차이는 명백히 다르다.

1) 국제이해교육

국제이해교육은 1947년 유네스코가 주창한 교육의 형태로, "모든 국민들이 서로 더 잘 알게 하고, 그들이 물질적·정신적으로 상호의존적인 형제들이고, 각자가 가진 다양한 형태의 유산을 서로 존중·전승·발전시키도록 유도하는 교육이다"[12]. 이 교육은 국가 간의 분쟁을 줄이고 세계평화를 유지하기 위해 교육적·문화적 차원에서 국가 간의 상호 이해를 도모하고자 구상되었다. 국제이해교육은 1953년 유네스코가 추진한 학교 교류사업을 계기로 프랑스·영국·독일 등에 확산되었고 1974년에는 유엔의 변화된 구조에 맞춰 '국제 이해, 협력, 평화를 위한 교육과 인권, 기본적 자유에 관련된 교육 권고'를 제안하였다. 이후 1994년에는 세계의 교육부 장관들이 모여 '평화, 인권, 민주주의를 위한 교육의 통합적 실천 요강'[13]을 결의하였다. 이 문서는 향후 학교의 교육과정에 포함되었고, 교사교육을 강화하도록 권장하였다는 점에서 큰 의의가 있다. 유네스코는 1994년의 실천 요강의 연장선에서 1995년을 '관용의 해(Year for Tolerance)', 2000년을 '평화의 문화를 위한 해(Year for the Culture of Peace)', 2001년을 '문명 간 대화의 해(Year of Dialogue Among Civilizations)'로 정하여 활발한 활동을 펼쳐나가고 있다.

국제이해교육의 다섯 가지 구성요소는 다음과 같이 정리할

---

12) Working Papers of the Seminar on Education for International Understanding(1996: 1~3).

13) Intergrated Framework of Action on Education for Peace, Human Rights and Democracy.

수 있다(Hanvey, 1976).

① 관점의 지각(perspective consciousness)
② 지구 상태에 대한 인식(state-of-the-planet awareness)
③ 비교문화적 인식(cross-cultural awareness)
④ 세계의 역동성에 대한 지식(knowledge of global dynamics)
⑤ 인간의 선택에 대한 인식(awareness of human choices)

위에서 언급한 다섯 가지 구성요소는 실제로 학교 현장에서 중요하게 여겨지고 있다. 구성요소에서도 볼 수 있듯이 이 교육은 세계 여러 나라가 공통으로 겪는 문제나 이슈에 대한 학습이고, 문화 간 이해를 증진하기 위한 학습으로 세계적 시각을 기르는 데 필요한 교육이라 할 수 있다(김현덕 외, 2007: 151). 그러나 이는 국제 관계나 국가 간의 이해를 도모하는 정치·외교적 관점에 불과하다는 오해와 함께, 음식·의복·댄스와 같은 피상적인 차원의 문화 이해나 경험에 국한되어 실행되는 경우들이 있어 비판을 받기도 했다(한경구, 2017: 8). 또한 국가적 틀 안에서의 문화를 바라보는 것이어서 자민족 중심주의의 한계를 가진다는 부정적 견해도 있다(모경환 외, 2009).

한국의 국제이해교육은 1961년 중등학교 4개교가 유네스코의 학교 교류 사업에 참가하면서 시작되었다(한건수, 2009: 46). 그 후 1995년 교육부가 유네스코 한국 위원회를 국제이해교육센터로 지정하고, 제7차 교육과정에 범교과 주제로 정해지면서 학교 현장으로 도입되었다. 이후 유네스코한국위원회, 아시아·태평양국제이해교육원, 국제이해교육학회 등은 이 교육의 보급과 전파를 위해 노력하고 있다.

2) 다문화교육

다문화교육은 인종, 민족, 사회적 지위, 성별, 종교, 이념에 따른 집단의 문화를 동등한 가치로 인식하며, 다른 문화에 대한 편견을 줄이고, 다양한 문화를 이해하기 위한 지식·태도·가치 교육을 가르치는 것이다(정의철, 2013). 실제로 다문화교육은 1960년대 미국의 시민권 운동(Civil Rights Movement)으로부터 시작되었다(차윤경 외 역, 2011: 6). 그 배경을 본다면, 소수민족 집단의 운동과 인종주의가 도화선이 되었다. 비슷한 시기에 부상한 동유럽의 인종민주주의는 다문화주의를 사회적 차원에서 본격적으로 논의하게 된 계기가 되었고 다문화교육은 이런 시대적 분위기에 편승해 점차 확대되기 시작하였다. 백인청교도 문화를 고수하던 미국은, 1900년 전후로 유입된 동유럽, 남유럽, 남미 이민자들로 인해 여러 가지 갈등이 생기기 시작했다. 이 갈등을 해소하기 위해, 동화주의(assimilation) 이론과 용광로(melting pot) 이론을 차례로 시도했으나 유색 인종에 대한 백인의 편견과 차별은 끊이지 않았다. 그 후, 용광로 이론에 대한 차선책으로 샐러드 볼(salad bowl) 이론을 시도하였으나 이 역시 성과를 이루지 못하였다. 미국의 다문화교육은 이런 흐름 속에서 진행되어 왔다.

다문화교육(모경환 외 역, 2008: 203)은 다양한 사회계층, 인종, 성, 민족 배경을 지닌 모든 학생이 평등한 교육 기회를 경험할 수 있도록 교육과정과 교육제도를 개선하고자 하는 교육개혁운동이다. 이 교육의 목표는 다음 여섯 가지로 나누어 설명할 수 있다.

① 자신에 대한 이해 증진하기: 개인들로 하여금 다른 문화의 관점을 통해 자신의 문화를 바라보게 함으로써 자기 이해를 증진시키는 것이다.

② 문화적·민족적·언어적 대안 가르치기: 미국과 서구 국가들의 학교 교육과정은 권력과 영향력을 소유하고 있는 주류 집단의 역사와 문화에 초점을 맞추어 왔다. 이 같은 백인 중심 교육과정은 유색 인종이나 소수 민족의 학생들로 하여금 학교문화를 이질적, 적대적으로 느끼게 만든다. 따라서 학교 교육은 백인 문화만

이 아니라 다양한 문화가 존재하고 있다는 것을 가르쳐야 한다.

③ 지식·기능·태도 습득하게 하기: 모든 학생은 자문화, 주류문화, 그리고 타문화가 공존하는 다문화사회에서 요구되는 지식과 기능, 태도를 배워야 한다. 예컨대 주류의 백인 학생들은 흑인 영어의 독특함과 풍부함을 배울 필요가 있고, 흑인 학생들은 주류 백인 학생들이 사용하는 표준 영어를 말하고 쓸 수 있어야 한다.

④ 소수 집단이나 민족의 고통과 차별 감소케 하기: 많은 소수 민족들은 교육적·사회적 성공을 위해 자신의 민족 문화와 정체성을 거부하거나 포기하는 경우가 있다. 자신의 기본적 정체성을 상실한 사람은 사회에서 완전한 자아실현을 할 수 없으며 정치적·사회적 소외를 경험할 가능성이 높다. 다문화교육은 모든 시민이 자신의 민족적·문화적 집단에 대한 충성심을 유지하는 것을 강조한다.

⑤ 읽기·쓰기·수리 능력 습득하게 하기: 학생들은 전지구적이고 평평한 테크놀로지 세계에서 살아가는 데 필요한 읽기, 쓰기, 그리고 수리적 능력을 습득해야 한다. 전 세계의 학생들은 민족적·인종적·언어적·종교적 문제가 현실적으로 표출되는 시대에서 살고 있다. 따라서 다문화교육은 공공선을 구현하는 시민공동체의 창조와 유지를 위해, 민주사회에서 더 공평하고 정의롭게 만드는 시민이 되기 위한 지식·태도·기능을 가르쳐야 한다.

⑥ 지식·기술·태도 능력 신장하기: 다문화교육은 다양한 인종·문화·언어·종교를 가진 학생들에게 자신이 속한 문화공동체, 국가적 시민공동체, 지역문화, 그리고 전 지구적 공동체에서 제 구실을 하는 데 필요한 지식·기술·태도를 습득하게 하는 것이다.

(모경환 외 역, 2008: 2~8)

다문화교육은 문화가 가지고 있는 다양한 요소라 할 수 있는 인종·성·민족·언어·계층·장애 등에 대하여 긍정적 사고를 발달시키고 타집단에 대한 교류를 인정한다. 이 교육의 목표는 자신의 문화와 가치를 존중하는 것처럼 타인의 문화와 가치도 존중하고, 다문화사회에서 성공적으로 살아갈 수 있는 지식·태도·기술을 습득하여 정의롭고 공평한 민주시민의 자세를 함양하는 것이다. 다문화교육은 사회 또는 학교에서의 생활을 기초로 하기 때문에 여기에서 빚어지는 문제들이 다문화교육의 내용이 될 수 있다. 많은 다문화 학자들은 다음과 같이 다문화교육의 내용을 제시한 바 있다.

Ramsey(1987)는 다문화교육의 내용으로 문화, 편견, 정체성, 다양성, 관계 증진을, Banks와 Banks(2010)는 성, 인종, 민족성, 언어, 사회적 계층, 종교, 예외성을, Sleeter와 Grant(2007)은 인종, 민족, 성, 성적 지향, 사회 계층, 장애를 제시하였다. 또한 Bennett

(2007)은 문화적 다양성의 수용과 인정, 인간의 존엄성, 인권 존중, 공동체 존중 등을 강조하였다. 교육대상자가 누구냐에 따라 교육의 내용은 달라지겠지만, 미국의 다문화교육은 인종 집단(백인&흑인), 민족 집단(아시아계&멕시코계 등), 성(여성&남성) 집단, 비장애인과 장애인 집단과 같은 사회 집단을 중심으로 이루어지고 있다.

다문화교육이 설정한 목표와 그 내용을 효과적으로 교육하기 위해서는 어떤 교수·학습 방법을 사용하여 어떻게 실행하느냐에 따라 결정된다고 해도 과언이 아니다. 다문화교육의 방법론과 관련하여 많이 거론되는 Banks의 네 가지 접근법을 소개하면 다음과 같다. Banks(2004)는 기여적 접근법, 부가적 접근법, 변혁적 접근법, 사회적 행동접근법이라는 네 가지 방법을 제시하였다.

① 기여적 접근법(contribution approach)은 교육과정에 축제, 영웅, 공휴일, 특별한 날, 명절, 전통음식이나 춤 등의 문화적 요소들을 포함시키는 것이다. 이 접근법은 교사들이 다문화교육을 실시할 때 가장 흔하게 활용하는 것으로 일상생활 속의 문제를 다루기보다는 춤, 노래, 음식, 건축물, 의복 등의 자료로 일회성 이벤트에 그칠 수 있어 관광식 접근이 될 가능성이 크다(이수진,

2019: 32).

② 부가적 접근법(additive approach)은 교육과정의 기본 틀은 바꾸지 않고 문화와 관련된 주제·개념·내용을 첨가하는 것을 의미한다. 이 접근은 기존 교육과정에 자연스럽게 통합할 수 있다는 장점이 있지만, 소수집단의 문제를 다양한 관점에서 파악하지 못한 채 주류집단의 특정 역사가·미술가·과학자 등의 관점으로 가르칠 수 있다는 것이 단점이다(이수진, 2019: 32).

③ 변혁적 접근법(additive approach)은 교육과정의 기본과정이나 구조를 변화시켜 학생들로 하여금 다양한 문화집단의 관점에서 내용·개념·주제 등을 다루어 볼 수 있게 하는 것이다. 이 접근법은 학생들에게 개념·사건·인물을 다양한 관점에서 이해하게 하고 지식이 사회적 산물임을 이해시키는 데 있다. 변혁적 접근법은 주류문화와 소수집단의 문화를 균형 잡힌 시각으로 보게 한다는 장점이 있지만, 교재 개발과 교육과정 개혁에 따르는 기회비용이 크다는 단점이 있다(장인실, 2012: 226).

④ 사회적 활동 접근법(social action approach)은 학생들이 의사결정을 하고, 학습한 개념·문제·주제와 관련하여 개인적·사회적·시민적 행동을 할 수 있도록 하고자 한다. 따라서 이 접근법은 특히 실천을 강조한다. 이 접근법의 장점은 학생들로 하여금 사고, 가치분석, 의사결정, 자료 수집과 분석 및 사회적 활동 기술을

향상할 수 있다는 데 있다. 그러나 교육과정을 설계하고 자료를 개발하는 데 많은 시간과 노력이 필요하다는 단점이 있다(장인실, 2012: 226).

Banks(2004)가 제안한 다문화교육의 접근법은 실제 많은 국가에서 응용되고 있다. 그가 제안한 처음 두 접근법은 한국의 다문화교육에서도 많이 적용되고 있는 접근법이라 할 수 있다. 방법론적 측면에서 볼 때, 처음 두 접근법은 실제 교육현장에서 적용하기가 쉬우나 다소 소극적인 형태의 교수학습법으로 여겨질 수 있다. 나머지 두 접근법은 처음 두 접근법에 좀 더 적극적인 형태를 띠지만 교육과정을 수정하거나 교재 및 자료를 개발하는 것을 교육현장에 바로바로 적용하기는 현실적으로 어렵다. 다문화교육의 본고장이라 할 수 있는 미국에서도 실제로는 기여적 접근법과 부가적 접근법이 가장 널리 사용되고 있다(Grandt, 1994).

다문화의 역사가 반세기를 훌쩍 넘었지만, 지금까지도 민족 간의 갈등과 불화, 타문화에 대한 경시, 문화우월주의 등은 여전히 계속되고 있어 다문화교육이 주장하는 본연의 가치는 선언적 명제에 그치거나 그 기능을 일부 상실한 채로 유지되고 있다. 프랑스의 문화교육학자인 Abdallah-Pretceille(1999: 36~40)는 다문화주의가 강조하는 집단의 범주화에 대해서 몇 가지 문제점을 피력하였다. 먼저, 집단의 범주화는 거부와 배척의 위험성이 있어서 집단들 간의 갈등의 소지가 있다. 개인을 집단 속에 가두어버리는 것은 사회적 유동성을 제한하는 것으로 현대사회의 변화와는 상반되는 것으로 여겨질 수 있다. 이는 심할 경우에는 개인의 자율성을 경시하는 풍조로 이어지기도 한다. 둘째, 다문화주의는 집단과 문화가 점점 다양한 형태와 색깔을 띨 수 있다는 사실을 은폐할 수 있다. 실제로 현대사회를 문화 집단의 단순한 합계로 파악하거나 쉽게 단정짓기는 어려울 수 있다. 왜냐하면, 현대사회의 개개인은 여러 집단에 동시에 소속되지만 여러 하위문화를 향유할 수 있고 동시에 자기의 고유한 문화를 가지고 살아가기 때문이다. 셋째, 문화적 변인을 강조하다 보면 상대적으로 다른 변인을 간과할 수 있다. 복잡다단(複雜多端)한 현대사회는 문화적 요인뿐만 아니라 사회적·심리적·역사적·경제적 요인까지도 인정하고 고려해야 한다. 여러 변인 중 하나인 문화적 변인을 지나치게 강조하면 현실의 다차원성과 복잡성을 축소시킬 우려가 있기 때문이다.

미국의 다문화교육학자인 Bennett(2007; 김옥순 외 역, 2009: 31~32)은 다문화교육의 한계를 다음과 같이 지적하고 있다.

첫째, 갈등과 불화의 가능성: 인종과 문화를 강조하는 것은 국가통합에 장애요인으로 작용할 수 있다. 소수민족의 구성원들이 자신의 민족적 뿌리에 대해 관심을 갖는 것은 '백인 유죄(white guilt)'의식과 미국에 대한 혐오감을 촉발시킬 수 있다.

둘째, 자유주의적 편견과 문화 상대주의: 일부 보수적인 비판가들은 다문화교육을 1960년대에 급진적 성향을 지닌 시위대처럼 소수집단 우대정책이나 동성애자의 권리, 건강과 생식에 대한 여성의 선택권과 같은 극단적 생각을 갖고 있는 대학교수들의 운동으로 생각한다. 일부 자유주의 비판가들은 다문화주의가 모든 문화적 행위들(심지어 고문이나 학살, 여성의 인권 억압까지도)이 똑같이 우수하다고 생각하는 극단적 문화상대주의를 의미하며, 사회를 조직하는 데 지침이 되는 원리나 가치체계의 부재로 인해 '도덕적 혼란'을 야기할 수도 있다고 주장한다.

셋째, 문화에 대한 피상적 이해: 일부 비판가들은 유치원 교사에서부터 대학교수에 이르는 교수자들 중 상당수가 음식·의복·공예품·문학·축제 등과 같은 표면적 문화에 초점을 맞추고 있기 때문에, 학생들이 타문화를 학습하는 과정에서 표면적으로 드러나 있지 않은 관념체계나 규칙체계 등과 같은 문화의 깊은 측면들을 이해하지 못한다고 주장한다. 어떤 비판가들은 민족집단의 동화적 측면을 용광로의 이미지에 비유하고 문화적으로 다원화된 사회를 샐러드볼로 표현하는 것은 복잡한 사회적 조건들 중 극히 일부분만을 반영한 것이라고 주장한다. 이런 생각들은 민족 고유의 고정관념을 갖게 할 뿐만 아니라 특정 민족 집단이나 국민성에 대해서도 그들과 관련된 문화적 특성들을 목록화하는 우를 범할 수 있기 때문이다.

넷째, 소수민족의 기만: 다문화교육은 타문화를 이해하는 것에 대해서는 강조하고 있지만, 사회나 교육제도 속에 존재하는 불평등에 대해서는 간과하고 있다. 또한 타민족의 문화와 그들의 민족적 영웅에 대한 피상적인 관심은 유색인 학생과 학부모로 하여금 교육평등을 향한 심각한 변화가 일어나고 있는 것처럼 생각하게 함으로써 오히려 그들을 기만하는 것이라고 주장한다.

Abdallah-Pretceille나 Bennett이 지적한 바처럼 다문화교육은 집단 간의 관계를 원활히 하는 문제나 사회의 평화로운 공존을 저해하는 문제를 제대로 해결하지 못한 부분들이 많다. 실제로 미국의 다문화주의는 문화적 다양성의 확인이나 서술에만 머무르고, 다문화교육은 문화에 대한 지식과 이해를 강조하는 데 그친다는 비판적 의견이 분분하다. 그렇다면, 한국사회가 부딪히고 있는 다문화교육의 현주소는 어떠한가?

한국사회의 다문화교육은 2000년대 초반부터 도입되었다고 볼 수 있다. 2006년 교육부는 다문화교육정책을 공식적으로 발표하였고, 이후 여러 기관들은 다문화와 관련된 정책을 마련하고, 관련 연구기관들은 보고서를 내놓기 시작하였다. 초기의 다문화교육(2006~2007년)은 이 교육의 필요성을 인식하고 그 토대를 구축하는 단계였다면, 이후 2008년부터는 좀 더 구체적이고 체계적인 다문화교육정책을 시도한 단계였다. 특히 예비학교, 중점학교, 글로벌 브릿지 등 다양한 사업이 실시되었고 이들 사업은 지금까지도 이어지고 있다. 2010년대로 넘어오면서 다문화교육정책은 양적으로 더욱 확대되고, 효과성 검증을 위한 내실화를 다지기 시작하였다. 이후 10년이 지난 현재, 다문화교육정책은 여러 부처에서 개발되고 있으며, 지방자치단체, 각종 기관 및 각급 학교들은 다문화교육과 관련된 활동을 펼치고 있다. 이런 노력에도 불구하고, 현재 한국 다문화교육의 상황은 그리 녹록치만은 않다. 다문화교육과 관련된 긍정적 견해보다는 비판의 목소리와 회의론이 퍼져 나오고 있는데, 그 이유를 몇 가지 살펴보면 다음과 같다.

우선, 한국사회의 다문화교육은 주로 미국식의 다문화주의, 다문화교육의 영향을 받아왔기 때문에 동화주의적 접근에 초점을 두고 있다. 동화(同化)는 개인이나 집단이 다른 문화를 가진 개인이나 집단으로부터 그 문화를 받아들여 공통의 문화를 가지게 되는 과정으로 얼핏 보면 이상적인 문화교육처럼 여겨질 수 있다. 하지만, 이는 개인의 문화적인 다양성과 개성을 존중하지 않고 주류문화로 편입시키려는 방법으로 언어 문제, 학업 부진, 정체성 혼란 등과 같은 문제를 일으킨다. 국내에 시행되고 있는 정책들 역시 다문화 학생을 한국 주류문화로 동화시키기 위한 교육이 대부분이었으며, 장기적인 관점에서 볼 때 이는 상당히 위험할 수 있다.

둘째, 다문화교육에 대한 이론적 고찰과 철학이 부족하다. 현재 한국사회에서 계속되고 있는 다문화 열풍과는 반대로 다문화교육에 대한 진지한 논의나 일관된 철학적 기조는 결여되어 있다. 기존 다문화교육과 관련된 논의는 한국사회의 특징이나 특수성을 고려했다기보다는 외국의 다문화교육의 이론을 그대로 수용하는 데 그치고 있는 실정이다. 다문화교육은 근본적인 논의와 체계적인 점검도 없이, 어쩔 수 없이 해결해야 하는 문제 또는 정치 이벤트처럼 되어 버렸다. 실제로 제도권 안·밖의 교육현장에서 이루어지는 다문화교육은 기본 이론과 철학에 근거하기보다는 패치워크식 또는 대증요법(對症療法)식의 형태로 이루어지는 경우가 다반사이다. 다문화교육에 대한 장기적 전망을 위해서는 철학적 성찰을 통한 한국식 다문화교육의 이론을 정립하는 것이 시급한 상황이다.

셋째, 한국 다문화교육은 여러 부서의 일관성 없는 정책으로 혼선을 빚고 있다. 현재 다문화 관련 부처는 여성가족부, 법무부,

교육부가 주를 이루고 있으며 타 관계 부처에서도 연계하여 관련 사업들을 수행하고 있다. 각각의 부처는 비슷한 용어와 비슷한 계획을 수립하여 그들만의 과제를 수행하고 있지만, 이들 사업은 실제로 중복되거나 일관성 없이 이루어지는 경우가 많다. 이는 다문화정책의 고질적인 문제점으로 매년 지적되어 오고 있는 문제이기도 하다. 이 문제를 해결하기 위해서는 각 부처 간의 협의를 통한 사업 편성, 다문화정책의 통폐합, 관련 기관의 사회적 관계망 구축 등이 요구된다.

넷째, 다문화교육에 대한 이해와 인식의 부족이다. 한국의 다문화 담론은 한국사회 전반의 문화적 전망과 연결되기보다는 결혼이민자를 중심으로 한 이주민정책으로 축소되거나 다문화 가족에게만 해당되는 것으로 여겨진다. 이 교육은 다문화 가정과 다문화 학생들만의 교육이 아니라, 미래사회를 살아가는 우리 모두를 위한 교육이다. 그렇기 때문에 다문화교육은 선택과 판단의 문제가 아닌 현대사회를 살아가는 우리 모두의 필수 과제인 것이다. 우리는 문화다양성 교육 또는 다문화사회의 교육을 논할 때, 맹목적으로 다문화교육에 대해서 논의하거나 이를 필요충분조건인 것처럼 대처할 뿐, 실제로 이 교육이 무엇인지, 한국사회에 적용 가능한지, 한국사회는 어떤 교육의 유형이 더 적합한지에 대해서는 고민하지 않는다. 이로 인해 문화다양성의 인식이나 개념은 상쇄되거나 고려되지 않는 경우가 많으며, 다문화와 다문화교육에 대한 이해의 부족과 그릇된 인식을 갖게 될 우려도 적지 않다. 다문화교육에 대한 이해와 인식을 재고하고 관련된 체계적 교육 프로그램이 절실한 상황이다.

3) 상호문화교육

문화다양성 교육과 관련하여, 미국이 다문화교육의 발원지이자 중심지라면, 유럽은 상호문화교육의 발원지이자 중심지라고 할 수 있다. 상호문화교육은 1970년대 초반 프랑스에서 이민이라는 맥락 속에서 출현하였다. 1970년대 독일과 프랑스는 이민자녀의 교육 문제, 특히 언어교육 문제에 봉착하게 되자, 독일은 '외국인 교육학(ausländerpädagogik)'(정창호, 2009: 184), 프랑스는 출신언어·문화교육(enseignement de langue et de culture d'origine, ELCO)이라는 명칭으로 상호문화교육을 시작하였다. 이렇게 시작된 출신언어·문화교육은 시행 초기에는 크게 활성화되었지만, 교사들의 역량 부족, 정규수업 결손, 학교 언어와 가정 언어 사이의 괴리 등의 문제로 서서히 쇠퇴하기 시작하였다. 오랫동안 동화주의를 고수해 온 프랑스에서 외국의 언어와 문화를 가르친다는 것은 일종의 모험이자 위협과도 같았다. 1984년 1월

A. Savary 장관은 국가의 공립적·단일적·비종교적 교육을 강화해야 한다고 주장하면서 '상호문화적'이라는 용어를 교육부 공문에서 삭제하기로 하였다. 그러나 이민가정 자녀의 학업 문제로부터 출발한 프랑스에서의 상호문화교육은 여러 가지 난관에도 불구하고 유럽평의회, 유럽연합, 유네스코와 같은 국제기구의 지지를 받음으로써 유럽 전역에 퍼지게 되었다.

사실 유럽평의회는 1973년부터 상호문화교육을 핵심 사업으로 추진했다(Abdallah-Pretceille, 2004: 83). 1983년 유럽교육장관 회의는 상호문화적 차원의 중요성을 언명하고 교사를 대상으로 하는 상호문화연수를 권고하였다. 이후 1990년대부터 유럽평의회는 상호문화와 관련된 더욱 활발한 활동을 하기 시작하였다. 1995년 유럽평의회는 상호문화교육을 위한 『교육지침서(Education Pack)』[14]를, 2000년 『상호문화학습키트(Intercultural Learning T-Kit)』를 발간하였다. 또한 2008년에는 『상호문화대화 백서(White Paper

---

14) 부제: '청소년 및 성인 대상 비공식 상호문화교육을 위한 구상, 수단, 방법, 활동' 이 지침서는 차별, 인종주의, 외국인 혐오증, 민족중심주의 등을 설명하고 그 해결책으로 상호문화교육적 활동을 제시하였다. 여기에서는 상호문화교육을 "차이에의 긍정적인 접근, "다문화사회에의 교육적 대답", "사회적 교육 과정"이라고 정의한다. 그리고 ① 자신을 외부로부터 살펴보기, ② 자신이 사는 세상 이해하기, ③ 다른 현실들과 친숙해지기, ④ 차이를 긍정적으로 보기, ⑤ 긍정적인 태도, 가치, 행동을 가지기라는 다섯 가지 교육적 단계를 제시한다. 여기서 주목할 만한 사실은 자기 자신과 자신의 문화에 대한 비판적인 성찰을 그 출발점으로 삼았다는 것이다. 이 지침서는 최근 2016년에 개정·출판되었으며, 유럽평의회가 가장 자랑스럽게 여기는 간행물 중 하나이다.

on Intercultural Dialogue)』[15]를 발간하였다.

한편, 유럽연합은『유럽연합 상호문화교육』(1999),『학교에서의 상호문화교육』(2008),『유럽연합 아동 및 청소년의 관용, 다양성, 시민책임감 존중 강화 교육 정책 및 실행』(2016)과 같은 보고서를 펴냄으로써 상호문화교육의 실태를 파악하고 이를 권장하고 있다. 유네스코의 경우는『문화다양성보호·증진협약』(2005),『세계문화다양성보고서』(2008) 등을 펴냄으로써 문화다양성과 상호문화교육을 연결시키고 있다. 주목할 만한 사실은 유럽평의회, 유럽연합, 유네스코 모두 다문화교육보다는 상호문화교육을 권장하고 있다는 것이다. 유럽평의회가 발간한『교육지침서(Education Pack)』는 상호문화교육을 '다문화사회의 교육적 해답'이라고 주장하면서, 이 교육을 권장하고 있다.

상호문화교육의 관심과 연구는 최근 한국사회에도 적지 않은 영향을 끼치고 있다. 상호문화와 관련된 연구 동향을 보면, 2000년대 이전에는 거의 이루어지지 않다가 2000년대 이후 조금씩

---

15) 상호문화대화는 "상이한 민족적, 문화적, 종교적, 언어적 배경과 유산을 가진 개인 및 집단들 간의 상호이해와 존중을 토대로 한 개방적이고 정중한 의견 교환 과정"이며, 문화다양성과 사회적 결속 사이의 균형을 유지하기 위한 수단의 역할을 한다. 이 백서는 ① 문화다양성을 민주적으로 관리하고, ② 민주시민성을 가지고 참여하고, ③ 상호문화 역량을 교수·학습하게 하고, ④ 상호문화대화를 위한 공간을 마련하고, ⑤ 상호문화대화를 국제적 관계 속에서 실행할 것을 제안한다.

증가하는 흐름을 보여주었고, 최근 5년간 그 증가세는 더욱 두드러지고 있다. 연구 분야를 좀 더 자세히 보면, 교육학·국어국문학·불어불문학·독어독문학·사회학·경영학·예술 등 다양한 분야에서 관련 연구가 이루어지고 있다. 실제로 중등 2007 개정 교육과정은 상호문화적 관점을 교육과정에 반영하기 시작했고, 2009 개정 교육과정, 2015 개정 교육과정으로 오면서 상호문화적 관점은 더욱 강조되고, 확대되고 있다. 또한, 2019년 서울시교육청은 '다문화교육' 대신 '상호문화교육'이라는 용어를 사용한다고 밝힌 바 있다. 이처럼, 우리 사회에 상호문화교육이 한걸음 더 가까이 다가오고 있음을 주목해야 할 때다.

4) 세계시민교육

유네스코는 2014~2021년의 교육부분 전략 영역으로서 세계시민교육을 설정했으며, 한국은 2015년 인천에서 개최된 세계교육포럼에서 유네스코 아시아태평양 국제이해교육원(APCEIU)[16]을 통해 세계시민교육의 보급과 추진에 적극적으로 공헌하겠다는 의지를 천명했다. 세계시민교육(Global Citizenship Education)은

---

16) Asia-Pacific Centre of Education for International Understanding.

미국 혹은 다른 국가 내에서의 교육적 쟁점을 다루는 교육의 일환으로 국가 간 쟁점·문제·발전을 다룬다. 이 교육은 학습자들이 더 포용적이고 정의롭고 평화로운 세상을 만드는 데 이바지할 수 있도록 필요한 지식·기능·가치·태도를 길러주는 교육이다. 세계시민교육은 앞서 언급한 국제이해교육의 연장선상에 있다고도 할 수 있다. 유네스코가 지금까지 강조해 온 국제이해교육, 인권교육, 평화교육, 지속 가능 교육과 근본적으로 공통의 목표를 추구하면서 이를 모두 포괄하고 있다.

한국은 이미 2009 개정교육과정 총론에서 문화적 소양과 다원적 가치에 대한 이해를 바탕으로 한 품격 있는 삶을 강조하며, 세계와 소통하는 시민으로서 배려와 나눔의 정신으로 공동체 발전에 참여하는 사람을 강조하였다. 또한 2015 개정교육과정에서는 이를 한층 더 발전시키고, 현장 교육에 접목하기 위해 노력하고 있다.

세계시민교육은 다른 문화에 대한 존중과 이해를 강조한다는 점에서 앞서 언급한 국제이해교육, 다문화교육, 상호문화교육과 공통점이 있을 수 있다. 그러나 지속 가능 발전과 평화와 인권 등에 대한 관심, 책임 있는 민주시민으로서의 참여와 활동을 강조한다는 점에서 다른 교육보다는 한층 더 폭넓고 적극적이라고 여겨질 수 있다. 그러나 세계시민교육은 이 교육이 주창하는 목표나 범위만큼이나 일선 교육현장과는 거리가 있어 보인다. 실제로 거창하고 광범위한 선언적 교육의 형태로 여겨지는 경향이 있으며 한국의 교육 현실과는 다소 괴리가 있다.

3. 문화다양성 증진을 위한 상호문화교육과 상호문화 역량

상호문화(interculturel)를 논할 때 '상호'라는 접두어는 '상대가 되는 이쪽과 저쪽 모두'라는 단순한 사전적인 의미는 아니다. '상호(inter)'라는 접두사의 의미를 최대로 고려해 본다면, 상호작용, 교환, 장벽 제거, 상호성, 진정한 연대성을 의미한다. 또한, 이 접두사는 타인을 보는 방법과 자신을 보는 방법과도 관련되어 있다. 여기에 'culture'라는 단어의 의미를 최대한 고려해 본다면, 그것은 사람들이 개인 차원에서뿐만 아니라 사회 차원에서 타인과 맺는 관계 속에서, 그리고 세계라는 개념 속에서 참조하는 상징적 표상, 생활 방식, 가치 등을 인정하는 것을 의미한다 (Rey, 1986: 19). 이처럼 상호문화는 상호작용을 기본 전제로 하는데, 중요한 것은 타인과의 만남이지 타인의 문화가 아니다.

접두사가 갖는 복잡함 만큼이나 포괄적이고 다차원적인 상호문화교육은 1970년대 초 이민자녀를 위한 보충교육 차원에서 이루어져서 그 후 15년 동안 서서히 정착되었다. 1980년대 이민 자녀의 수가 감소하자, 사람들은 상호문화적 대화, 상호문화적 이해, 문화상대성의 원칙, 민족중심주의의 거부 등 사회전반적인 차원까지 고려하기 시작했다. 1989년 이슬람 히잡 사건의 발생으로 프랑스 정부는 '상호문화적'이라는 용어를 공문서에서 더 이상 사용하지 않기로 했지만, 상호문화교육에 대한 관심과 연구는 계속되었고, 이는 오늘날까지도 그대로 지속되고 있다. 한편, 유럽연합, 유럽평의회 등과 같은 국제기구들이 상호문화교육의 초반에는 학교와 이민자의 아동에 초점을 맞춘 상호문화교육을 개발했다면, 오늘날에는 그 영역이 점차적으로 확대되어 문화다양성과 관련 있는 우리 사회 전체를 교육의 대상으로 하고 있다. 이 장에서는 문화다양성 교육의 해답으로 부상하고 있는 상호문화교육이 무엇인지, 이 교육이 왜 필요한지, 이 교육의 목표·내용·방법은 무엇인지에 대해서 논의해보기로 하겠다.

1) 상호문화교육의 정의와 필요성

퀘벡 교육부(1997: 2)[17]는 상호문화교육을 "사회 조직을 특징

---

17) A School for the Future: Educational Integration and Intercultural Education —— Policy Proposal (Quebec: Ministry of Education, 1997).

짓는 다양성, 특히 민족적·문화적 다양성을 인식시키고, 개방, 관용, 연대성의 태도, 그리고 다양한 참조기준을 가진 사람들과 의사소통할 수 있는 능력을 신장시키려고 하는 모든 교육적 절차"라고 정의하였다. Kerzil & Vinsonneau(2004)는 "교사가 단독으로, 좀 더 일반적으로는 학교 전체가 상이한 문화를 가진 학생들 사이에 상호작용·협력·이해라는 긍정적인 관계를 형성할 목적으로 행하는 일련의 조치"라고 정의하였다. 퀘백 교육부의 정의가 상당히 광의의 범주라면, Kerzil & Vinsonneau의 정의는 다소 협의의 범주에 해당되는 정의로 볼 수 있다. 또한 유네스코(2006: 18)는 "소극적인 공존을 넘어서 다양한 문화집단들 간의 이해, 존중, 대화를 통해 다문화사회에서 함께 살아가게 할 발전적이고 지속적인 방법을 찾아내게 하는 교육"이라고 정의하였다. 이들의 정의는 적용 범위나 용어의 차이는 어느 정도 존재하지만, 그들이 공통적으로 강조하는 것은 '다른 문화를 가진 사람들과의 원만한 관계 형성과 원활한 의사소통'이다.

그렇다면, 이런 상호문화교육은 문화다양성 교육에서 어떤 역할을 하며, 우리 사회는 왜 상호문화교육을 필요로 하는가?[18)

---

18) 이 부분(상호문화교육의 필요성)은 서영지(2016)의 박사논문 「고등학교 프랑스어 교육에서의 상호문화접근법 적용 방안 연구」를 토대로 수정·보완하였습니다.

첫째, 상호문화교육은 이질성·다양성·상대성·정체성 등과 같이 현대사회가 중시하는 요소들을 가르쳐 21세기 교육이 추구하는 목표를 달성하는 데 도움을 줄 수 있다. 현대사회는 국가 간 경제적 불균형, 교통 및 통신 수단의 발달, 이민자에 대한 법적 권리의 신장, 여러 국가들을 하나로 묶는 지역화의 추세 등에 힘입어 과거 그 어느 때보다도 민족·문화·언어가 다른 사람들 간의 교류가 활발해 지고 있다. 이에 따라 한 사회 내 이질성과 다양성은 확대되고, 기존의 정체성과 새로운 정체성 간의 갈등이 심화되어, 문화적 상대주의를 제대로 이해할 필요성이 강조되고 있다. 미래 세대를 양성하는 교육도 이런 시대적 변화와 요구에서 예외일 수 없다.

둘째, 상호문화교육은 현대인의 필수 역량이라 할 수 있는 상호문화 역량을 계발시켜 준다. 이 교육은 학습자가 복잡한 상황과 복수의 정체성 문제를 다룰 수 있게 하고, 하나의 단일한 정체성을 가진 것으로 생각할 때 파생될 수 있는 고정관념을 완화시켜 준다. 상호문화교육은 학습자가 적절한 방식으로 말하고 쓰는 데 필요한 언어적 능력을 습득하도록 도와줄 뿐만 아니라, 학습자들의 상호문화 능력, 즉 서로 다른 사회적 정체성을 지닌 사람들이 상호 이해하는 능력과 복수의 정체성과 고유한 개성을 가진 복합적인 존재인 사람들과 상호 교류할 수 있는 능력을 계발시켜 준다.

셋째, 상호문화교육은 여러 교과목에 적용 가능하며, 교과목 간의 연계를 가능하게 해 준다. 현대 교육과정은 교과목들 간의 다학제적 접근(approche interdisciplinaire)을 강조하고 있다. 이는 지금까지의 교육과정이 과목들 간의 경계를 지나치게 명확히 설정하여 서로 간의 교류를 막고 있다는 교육계의 비판을 고려한 것이다. 사실 학생들이 학교에서 배우는 과목들은 어느 정도 다 연계되어 있다. 특히 인문·사회과학에 속하는 과목은 더욱 그렇다. 역사·언어·지리·사회·도덕 등에서 다루는 내용은 꽤 많은 부분에서 상호보완적이다. 그럼에도 불구하고 이 과목들은 자체의 독자성을 너무 강조한 나머지 서로 분리된 상태에서 교육되고 있다. 상호문화교육은 이런 단점을 보완하는 데 매우 유용한 접근 방식이다. 외국어교육의 경우에는 특히 그렇다. 외국어교육은 언어교육인 동시에 문화교육이고, 두 개의 문화를 가진 사람들의 만남을 전제로 하는 교육이다. 이런 외국어교육에 상호문화적 방법을 적용한다는 것은 이 교육 속에 다양성·정체성·이질성·상대성을 최대한 도입한다는 것이고 이런 도입은 외국어교육이 역사·지리·사회·경제·도덕 등과 같은 다른 과목과 자연스럽게 연계될 수 있도록 한다.

2) 상호문화교육의 목표: 상호문화 역량

상호문화교육은 모든 과목과 관련된 일종의 교육철학이자 교육 방안이라 할 수 있다. 교육은 새로운 것을 학습하는 것이고, 새로운 문화를 만나는 것이다. 학습자들은 누구나 어느 정도 선택의 여지가 없는 상황에서 이미 자국문화를 학습한 상태이며, 이런 이유로 학습자는 문화적 '백지(tabula rasa)' 상태는 아니다 (Zarate, 1986: 24). 각자는 고유의 '사회·문화적 프리즘'(Carroll, 1987: 28)을 통해서 타인이나 타인의 문화를 바라본다. 상호문화교육은 두 문화 사이의 관계에 매우 큰 관심을 보인다. 어떤 문화든 우수하거나 열등하지 않으며, 맹목적으로 선호되거나 경계 되어서도 안 된다.

그렇다면 상호문화교육의 목표는 무엇인가? 유럽연합은 상호문화교육의 목표와 관련하여 다음 7가지로 합의를 보고 있다.

① 갈등을 보이는 상황을 분석하고 해결책을 찾을 수 있다.
② 상이한 문화적 관점이 존재한다는 사실을 인정한다.
③ 다른 문화에 속한 사람들과 함께 살아갈 능력을 키운다.
④ 자기의 문화와 타인의 문화를 이해하고 존중한다.

⑤ 인종주의적, 외국인 혐오적, 비관용적 편견을 극복한다.

⑥ 각 '민족' 집단의 가치와 풍습에 관심을 보인다.

⑦ 문화에 따라 동일한 감정을 표현하는 여러 가지 방법, 문화적 맥락, 이민 현상에 익숙해진다.

이뿐만 아니라, 많은 학자 또는 기관들은 이 교육의 목표와 관련하여 여러 의견을 피력하고 있다. Pagé(1993)는 '① 문화적 복수주의를 사회의 현실로 인정하고 받아들인다. ② 법적으로 평등하고 공정한 사회를 건설하는 데 기여한다. ③ 민족들 간의 원만한 관계를 형성하는 데 기여한다.'라는 세 가지 목표를 내세우고 있으며, 21세기 국제위원회는 '① 알기를 배우기, ② 처신하기를 배우기, ③ 더불어 살기를 배우기, ④ 존재하기를 배우기'라는 네 가지 목표를 제시하고 있다. Charaudeau(1990: 50)은 자기에게 익숙하지 않은 것에 대해 가질 수 있는 불안감을 해소하기, 학습자로 하여금 다른 문화 체계에 잘 적응하도록 도와주기를, Porcher(1995: 61)는 학습자로 하여금 목표 문화와 출신 문화에 대한 고정관념에서 벗어나 자기 자신의 사고와 표상에 대해서 깊이 성찰하도록 하는 것을 강조한 바 있다.

상기 내용을 바탕으로 상호문화교육의 목표를 정리해 보면, 자기 자신의 사고와 표상에 대해서 깊이 성찰하여 자신의 문화를 알고, 타인의 문화를 이해하고 존중하여, 문화적으로 다른 사람들과 원한만 관계를 만들어서 살아가는 것이라고 할 수 있다. 이를 한마디로 표현하면 상호문화 역량을 기르는 것이다.

OECD의 DESECO(Defining and selecting key competencies) 프로젝트19)는 청소년과 성인이 갖추어야 할 핵심 능력 중 하나로 상호문화 역량을 소개하고 있으며, 이는 경영·교육·기업 등의 다양한 분야에서 강조되고 있다. 이 역량은 "다른 국가·문화·언어적 배경, 사회적 정체성을 가진 동료들과 상호작용을 하는 데 필요한 일련의 지식과 기술"(INCA, 2004: 45), "자신의 상호문화 지식·기술·태도에 기초해 상호문화적 상황에서 효과적이고 적절하게 의사소통할 수 있는 역량"(Deardorff, 2004: 194) 등으로 정의할 수 있다. 상호문화 역량은 그 정의에서도 알 수 있듯이 단순한 문화 지식을 넘어서, 그 지식을 분별 있게 활용할 수 있는 종합적인 능력으로, 능력의 3가지 요소라 할 수 있는 지식(인지적)·기술(행동적)·태도(정의적)가 적절히 상호작용할 때 발휘되는 능력이다.

---

19) OECD에서는 1997년부터 DESECO(Defining and selecting key competencies) 프로젝트를 통해 현대의 청소년과 성인들이 갖추어야 할 세 가지 핵심적 역량 요인으로 '지적 도구 활용(Using tools interactively)', '다른 사회집단에서의 상호작용(Interacting in heterogeneous groups)', '자율적 행동(Acting Autonomously)'을 들고 있다. 이 가운데 상호문화 능력과 관련된 "다른 사회집단에서의 상호작용"은 다원화된 사회에서 타인과 공감하고 연대하며 살아가기 위하여 타인과 관계를 원만하게 맺고, 협력하여 일할 수 있으며 갈등을 관리·해결할 수 있는 역량이다(김기헌, 2008: 1~6).

3) 상호문화교육의 내용

상호문화교육은 자신과의 만남, 타인과의 만남을 전제로 한다. 언어와 문화가 다른 사람들 간의 '만남'과 관련된 주제는 모두 상호문화교육의 내용이 될 수 있는 것이다. 실제로 대부분의 상호문화교육학자들은 타인의 문화보다는 타인과의 만남을 강조하고 있다. Abdallah-Pretceille(2004: 58)는 "상호문화접근법은 상호작용을 기본 전제로 하는데, 가장 중요한 것은 타인이지 그의 문화가 아니다"라고 주장하였다. Perotti(1994: 89) 역시 "관계는 상호문화의 핵심이다"라고 강조하였다. 이처럼, 상호문화교육의 내용은 만남과 관계 형성과 관련된 우리 사회의 모든 주제라고 할 수 있다.

실제로 언어와 문화가 다른 사람들과의 만남에서는 긍정적 요소보다는 부정적 요소가 더 많이 발생할 수 있다. 또한 이 부정적 요소는 관계 형성에 있어 적지 않은 문제를 유발할 수 있다. 어떤 상황에 직면했을 때, 사람들은 서로 다른 인식이나 가치관이 이미 형성되어 있을 수 있고, 상대방에 대한 고정관념이나 편견을 가질 수도 있다. 심한 경우에는 민족중심주의나 인종차별주의와 같은 배타적인 태도를 보일 수도 있다. 상호문화교육에서 다루는 내용은 이런 부정적 요소들에 더 큰 비중을 두고 있다. 이 교육의 내용과 관련된 몇 가지를 소개하면 다음과 같다.

유럽평의회에서 발행된 *Kit pédagogique*(1995)는 '성인과 청소년을 대상으로 한 비공식적 상호문화교육을 위한 아이디어, 방법, 교수법과 활동'을 위해 개발한 일종의 지침서로서, 상호문화교육과 긴밀히 관련된 주제를 소개하고 있다. 여기에는 '문화'·'자문화'·'정체성'·'고정관념'·'편견'·'인종주의'·'차별'·'민족중심주의' 등을 소개하고 있는데, 각 항목의 주된 내용을 간략히 살펴보면 다음과 같다.

(1) 문화(culture): 문화와 관련해서 머릿속에 가장 먼저 떠오르는 것은 신문의 문화란에 나오는 발레·오페라·음악·문학 등과 같은 예술적 또는 지적 활동들이다. 하지만 우리는 문화를 이보다는 훨씬 더 넓은 의미로 본다. 우리는 사람들로 하여금 자기 주위의 세계에 의미를 부여하도록 하는 행동 체계와 가치까지 포함시키고자 한다. 이때 문화는 복합적인 개념이다. 문화를 이해하려고 노력한다는 것은 삶의 다양한 측면을 살펴본다는 것을 의미 한다. (*Kit pédagogique*, 1995: 28)

(2) 자문화(propre culture): 우리는 한 문화 내에서 태어나고 우리의 문화를 배우는 데 어린 시절을 보낸다. 이 과정을 우리는 사회화(socialisation) 과정이라고 부른다. 문화는 우리들 각자에게

다르게 경험된다. 사람들 각각은 자신의 문화, 자신의 개인적인 특징, 자신의 경험의 혼합물이다. 이런 과정은 둘 또는 여러 문화와 동시에 접촉하면서 풍요로워진다.

(*Kit pédagogique*, 1995: 29)

(3) 정체성(identité): 정체성은 '나는 누구인가?'에 대한 대답이다. 한 사람의 정체성은 여러 개의 면으로 구성되어 있다. 그 중 일부는 보이고 다른 일부분은 보이지 않는다. 흔히 정체성을 양파에 비유한다. 양파의 껍질 하나하나는 자기 정체성의 한 측면이라고 생각할 수 있다. 이처럼 우리의 정체성은 늘 복수적이다. 우리는 어떤 상황에 놓이면 이런 정체성들 중에 그 상황에 가장 적합한 정체성을 보여준다. 그런데 우리는 살다 보면 자신의 정체성 중 일부를 바꾸게 된다. 가정·직장·주거·취미·종교, 심지어 국적까지도 바꿀 수 있다. 따라서 정체성은 가변적이다. (*Kit pédagogique*, 1995: 30)

(4) 고정관념(stéréotype): 고정관념은 한 집단이 다른 집단에 대해 가지고 있는 굳어진 생각을 말한다. 고정관념을 가진 사람들은 '그들은 원래 그래'라는 식으로 말하며 현실을 단순화한다. 고정관념의 대상은 다른 집단으로만 한정되지 않고 자기 집단이 될 수도 있다. 이 경우, 대개는 자기 집단이 다른 집단에 비해 우월하거나 강하다는 긍정적인 고정관념을 갖기 위해서다. 물

론 자기 집단에 대해서 부정적인 고정관념도 만들어 낼 수 있다. 하지만 이 경우에도 자기 집단에 대한 방어기제는 늘 작동한다. 대개 자기 집단에 대한 부정적인 고정관념은 부차적인 것과 연결하게 하고, 다른 집단에 대한 부정적인 고정관념은 본질적인 것과 연결하게 한다. (*Kit pédagogique*, 1995: 31)

(5) 편견(préjudice): 편견은 사람들이 실제로는 잘 모르는 사람 또는 민족에 대해서 내리는 부정적 또는 긍정적 판단이다. 이는 인간의 사회화 과정을 통해서 주입된 것이므로 그것을 없애거나 고치는 것은 쉬운 일은 아니다. 사실, Abdallah-Pretceille (2004: 110~111)는 "상호문화교육의 목표는 편견과 고정관념을 뿌리 뽑는 것이 아니라 그것들에 대한 활동이다."라고 하였다. (*Kit pédagogique*, 1995: 32)

(6) 민족중심주의(éthnocentrisme): 세상에 대한 우리의 대답, 즉 우리의 문화는 정답이고 다른 대답들은 '정상적'이지 않다고 생각한다는 것을 의미한다. 우리는 우리의 가치와 생활 양식이 보편적이고 모든 민족에게 적합하다고 생각한다. 또 '다른' 민족들은 너무 '어리석어서' 이런 분명한 이치를 이해하지 못한다고 생각한다. 다른 문화의 사람들과의 접촉만으로는 이런 우리의 편견을 강화시킬 수 있다. 왜냐하면 우리의 민족주의적 안경은 우리로 하여금 우리가 보려고 하는 것과는 다른 방식으로 보는

것을 가로막기 때문이다. (*Kit pédagogique*, 1995: 32)

(7) 차별(discrimination): 차별은 출신, 성, 가족 상황, 건강 상태, 장
   애, 정치적 견해, 민족, 국민, 인종, 종교 등을 내세워 스스로
   행하는 일체의 구분 행위를 말한다. 차별은 편견이 행동으로
   표출되면서 나타난다. (*Kit pédagogique*, 1995: 33)

(8) 인종주의(racisme): 인종주의는 인간의 특성이나 능력이 인종에
   의해서 결정되고, 우등한 인종이 있고 열등한 인종이 있다는
   신념을 말한다. 가장 위험한 것은 한 인종이 다른 인종에 대해
   서 가지는 우월감이다. 이런 인종주의는 편견과는 좀 다르다.
   편견이 제대로 알지도 못하는 상태에서 아무런 이유도 없이 미
   리부터 가진 부정적인 느낌이나 의견이라면, 인종주의는 차별
   적인 행동을 제도적으로, 그리고 정기적으로 실행할 수 있는
   힘을 갖고 있다. (*Kit pédagogique*, 1995: 34)

Réseau RECI(Ressources pour l'égalité des chances et l'intégration)
(2009)는 상호문화적 만남의 장애물이 될 수 있는 다섯 가지의
요소를 다음과 같이 설명하였다.

(1) 민족중심주의(ethnocentrisme): "자신이 속한 집단을 우선시하고
   그 집단을 유일한 참조모형으로 삼으려는 경향"(Petit Robert)

(2) 이국적 취향(exotisme): "민족중심주의와는 반대로 타인과 타지를 동경하는 경향으로, 외국으로 가고자 하는 갈망과 꿈으로 만들어진 또 다른 이상화된 신화적 측면"(Lipiansky, 1989, Intercultures n° 7)

(3) 범주화(catégorisation): 동일한 범주 내에 분류된 요소들 간의 유사성을 과장함으로써 개인, 집단, 사건 등을 범주로 분류하고 재구성하려는 시도. 고정관념이나 선입견은 종종 이런 범주화로부터 나온다.

(4) 고정관념(stéréotype): "한 인간 집단의 경직된 또는 변화를 꺼리는 지속적인 범주화 유형. 이 유형은 단순화된 일람표를 제시하고 범주화된 집단에 대한 개인의 행동을 정당화함으로써 사회적 현실을 왜곡하고 축소시킨다."(Clanet, 1993)

(5) 편견(préjugé): "한 집단의 구성원들이 공유하고 사회적으로 습득하고 사전에 가진, 특정 범주에 대한 비우호적인 의견"(Petit Robert)

Kit pédagogique(1995)와 Réseau RECI(2009)에서 제안한 내용들은 다소 이론적이면서 광범위한 범주의 내용들이다. 한편 2013년 CAVILAM의 교사 Chaves, Favier, Pelisser는 *L'interculturel en classe*(2013)라는 책을 통해서, 실제 수업에서 적용할 수 있는 33가

지의 상호문화적 주제를 제시하고 있다.

1	정체성	17	차별, 고정관념
2	문화, 문화다양성	18	편견, 민족중심주의
3	관습	19	내집단 고정관념, 외집단 고정관념
4	복수 정체성	20	고정관념, 국적, 정체성
5	정체성, 이타성	21	도시와 관련된 표상
6	차이, 공통점	22	고정관념, 선입견, 민족중심주의, 인종주의
7	숨겨진 문화	23	다양성, 문화
8	외국 문화	24	탈 중심
9	다양성, 문화적 다원주의	25	동작, 상호문화적 오해
10	유머	26	오해, 행동적 습관
11	색깔, 관용 표현	27	교차된 시선, 탈 중심
12	신체 특징	28	여행
13	교차된 시선	29	교차된 시선, 상호문화적 만남
14	유혹의 문화 규범	30	여행
15	교차된 시선, 정체성	31	일상생활, 문화 충격
16	편견, 차별	32	사진, 문화 차이
		33	상호문화 박물관

이 책에서 소개하고 있는 주제들은 프랑스어나 독일어와 같은 외국어 수업뿐만 아니라 세계사·지리·문학과 같은 과목에서도 활용 가능한 내용들이다.

4) 상호문화교육의 방법

상호문화교육은 다양한 문화들의 역동적인 교류 과정(processus dynamique d'échange)(Chaves, 2013: 12)이다. 상호문화적 방법에 의거한 문화교육은 문화들 간의 다리, 연결을 목표로 하여 타인과 원만한 관계를 맺도록 진행돼야 한다. 특히 이 교육의 출발점은 "무엇보다도 자신과 자신의 집단에 대한 활동"(Abdallah-Pretceille, 2004: 109)이므로, "'너'나 '그들'만큼 '나'에 대해서도 많은 질문을 던지도록 한다. 이는 상호문화교육이 갖는 핵심 가치 중의 하나이며, 다른 문화다양성 교육과의 차별을 보여주는 부분이라고 할 수 있다.

'자신을 알기', '자기의 문화를 알기'를 출발점으로 하는 상호문화교육은 앞서 언급한 문화 간 장애가 되는 내용을 주로 다루게 되는데, 여기에서는 서로 간의 이질성 속에서 자신의 정체성을 끊임없이 찾아 나가는 과정들로 이루어진다. Partoune(1999), Clément(2001), Maga(2006)가 제안하는 상호문화적 절차를 소개하면 다음과 같다.

Partoune(1999: 11)은 "상호문화적 교수법은 문화 자체가 아니라 문화를 가진 사람을 존중한다는 것에 바탕을 두고 있다. 가치

판단은 허용되지만 자신의 가치를 강요해서는 안 된다."라고 하면서 상호문화적 절차를 다음과 같이 세 단계로 구성하였다.

(1) 중심 탈피(décentration): 자신의 고유한 준거틀 인식하기
(2) 타인의 체계로 침투(pénétration du système de l'autre): 타인의 관점에서 바라보고 타인을 이해하기
(3) 협상(négociation): 각자가 기꺼이 수용할 수 있는 해결책을 찾기 위해 협상이 가능한 부분과 그렇지 못한 부분을 찾아보기

Clément(2001)은 다음과 같이 네 단계에 걸친 상호문화적 절차를 제시한다.

(1) 자기 중심에서 벗어나기(se décentrer): 이 단계의 목표는 자기 고유의 참조 체계를 객관화하고, 자신의 고유 체계를 부정하지는 않지만 그 체계와 거리를 두고 다른 관점들이 존재함으로 인정하는 데 있다.
(2) 타인의 입장이 되어 보기(se mettre à la place des autres): 이것은 감정이입(empathie) 능력을 신장시키는 것, 타인의 입장이 되어 보는 것, 다른 관점에서 바라보는 것을 의미한다.
(3) 협력하기(coopérer): 선입견을 버리고 타인을 이해하기 위해 노

력하는 절차를 밟는다는 것을 의미한다.

(4) 타인이 현실과 나를 어떻게 보는지 이해하기(comprendre comment l'autre perçoit la réalité et comment l'autre me perçoit): 이것은 보내진 메시지를 정확히 해독하는 것을 의미한다. 이렇게 하기 위해서는 상대방의 행동과 관련된 사실을 알 필요가 있다.

다음으로, Maga(2006)[20]는 상호문화 역량의 신장을 위해서 다음과 같은 여섯 가지 순서를 따를 것을 제안한다.

(1) 자신의 고유한 해석 체계를 인식하기(faire prendre aux apprenants de leur propre grille interprétative): 학습자들에게 타인의 문화를 접하기 전에 자신의 문화에 대해서 생각해 보게 한다. 자기의 고유한 문화를 구성하는 특징적인 요소들을 찾아내고 비판적인 시각으로 자신의 가치를 바라보는 것은 다른 문화를 접했을 때 자연스럽게 나타나는 민족중심주의를 극복하는 데 도움을 준다.

(2) 타인의 문화를 발견하기(découverte d'autres cultures): 자기의 고유한 문화와 일정한 거리를 둔 다음 학습자에게 다른 관점들이

---

20) http://www.ph-ludwigsburg.de/html/2b-frnz-s-01/overmann/glossaire/intercultur alite2magafrancparler.html

존재한다는 사실을 가르쳐준다.

(3) 문화적 행동을 관찰하고 분석하기(observation et analyse des comportements culturels): 이 단계는 학습자로 하여금 의사소통 속에 나타난 문화적 사실을 찾아내고, 관찰하고, 다른 행동을 하게 하는 이유에 대해 가정을 세우고, 외국 문화 속에서 작동하는 원칙을 찾아내는 단계이다.

(4) 고정관념에 대해서 활동하기(travail sur les stéréotypes): 학생들로 하여금 그들이 왜 다른 문화에 대해서 사전에 만들어진 인상을 받게 되었는지 아니면 그 반대였는지 생각해 보게 한다. 선입견과 고정 관념에 대한 활동은 표상, 범주화, 부여 과정에 대한 분석을 거쳐 이루어진다. 그런데 그 목표는 선입견이나 고정관념을 없애는 데 있는 게 아니라 그런 활동을 통해 그것을 강화하지 않게 하는 데 있다.

(5) 자신의 문화와 타인의 문화 간의 관계를 설정하기(établir des liens entre sa culture et la culture étrangère): 목표 문화를 식별하고 파악한 다음에는 그것들을 함께 모으고, 사람들이 너무 쉽게 관찰할 수 있는 차이 너머에는 종종 상상하기 어려울 정도로 훨씬 더 많은 공통점과 기본적 가치가 있음을 이해하도록 할 필요가 있다.

(6) 타인의 문화를 내면화하기(intériorisation de la culture de l'Autre):

다른 사람의 문화를 내면화하는 것은 상호문화 역량 습득의 마지막 단계다. 이 단계에서는 학습자로 하여금 외국 문화의 발견과 심화 과정으로 들어가도록 하는 것이 중요하다.

세 학자들이 제안한 상호문화교육의 절차 중에서 첫 번째 단계는 모두 자문화 인식으로, 이는 Abdallah-Pretceille의 주장과도 일맥상통한다. Partoune와 Clément은 이를 '중심 탈피'로 표현하였고, Maga는 '자신의 고유한 해석 체계 인식하기'로 표현하였다. 이를 위해 학습자는 먼저 모든 문화의 소속 기제를 찾아낼 수 있어야 한다. 무엇보다도 먼저 자기가 모국문화에 소속되어 있어 민족 중심적 성향을 보일 수 있다는 사실을 인식하고 인정하는 것이 중요하다. 학습자가 타인의 차이를 존중하고 수용할 수 있는 것은 바로 이런 인식과 인정 이후에나 가능하다(서영지, 2016: 71).

Partoune(1999), Clément(2001), Maga(2006)가 제시한 절차는 단계의 갯수나 순서에 있어서 다소 차이가 나지만 전체적으로는 대동소이하다고 할 수 있다. 이 절차를 종합해보면, 자신의 문화를 알고, 타인의 문화를 발견하고, 그 둘을 비교 및 상대화한 후, 타인의 문화를 수용하는 것이다. 이상의 상호문화적 절차와 관련해서 한 가지 언급할 것은 학자들이 제시한 이 순서는 절대적인 것은 아니며 주어진 주제나 상황에 따라 그 순서를 다소 바꾸거나 일부는 생략할 수도 있다는 것이다.

4. 문화다양성 교육을 위한 한국 교육의 나아갈 방향

시대의 변화에 따라 교육은 늘 변화를 경험한다. 교육의 흐름이 과거 지식 전달의 차원에서 문화적 차원으로 변모해 왔다면, 이제는 '문화다양성'의 차원으로 변화를 거듭해 나가고 있다. 개인은 그 어느 때보다도 '자신'이 누구인지 어떤 사람인지에 대해서 잘 알아야 하고, 학교는 미래 사회를 위해 어떤 개인을 양성해 낼 것인지에 대해서 끊임없이 탐구해야 한다. 이런 의미에서 "상호문화교육은 단순한 교육적 선택이 아니라 사회의 지향점이라고 할 수 있다"(Abdallah-Pretceille, 2004: 5).

주지하다시피 한국사회는 빠른 기간 내 급속한 성장을 이뤄낸 국가이고, 세계화·국제화를 넘어서 이제는 인공지능, 언택트 시대에 도달하였다. 과거 한국사회에 팽배했던 단일민족, 단일문화라는 폐쇄적 자긍심과 전근대적 사고는 버려야 할 때가 된 것이다. 법무부 통계(2020년 말 기준)에 따르면, 국내 거주하는 다문화 가족 구성원 수는 100만 명을 넘어섰고, 국내 체류 외국인도 230만 명이 넘어섰다. 특히, 다문화 학생수는 2018년 이후부터 매년 1만 명 넘게 증가하는 추세이며, 2021년 현재(5월 기준) 15만 명에 육박하고 있다. 앞으로 이 증가세는 계속될 것으로 예상되며, 이들이 한국사회에 잘 적응하느냐의 문제는 교육의 성패에 달려 있을 것이다. 이처럼 우리사회는 외형적으로 더 이상 단일민족으로 구성되어 있다고는 말하기 어렵다. 또한 내형적으로는 그 변화가 한층 가속화되고 있으며, 이는 더욱 복잡한 문제로 여겨진다. 이제는 외국에 가지 않더라도, 외국인을 직접 만나지 않더라도 외국의 문화를 접하는 것은 자연스러운 일이 되어 버렸다. 사람들은 전 세계의 모든 자료를 인터넷을 통해서 공유하고 있으며, 이는 개개인의 사회화·문화화·사회성·정체성 형성에 많은 영향을 주고 있다. 과거 중시되었던 국가문화, 집단문화의 차원보다는 개인문화의 차원으로 그 비중이 옮겨가고 있으며, 문화의 단편적인 면보다는 맥락 속에서의 문화, 해석적 문화가 더욱 의미를 갖게 되었다.

교육은 이런 다원적 변화를 어떻게 받아들여야 하는가? 한국사회에서 정치적·사회적 차원으로 뿌리내린 다문화적 추세는 어떻게 개선되고 발전해 나가야 하는가?

국내 다문화교육은 주로 미국식 다문화주의를 그 모태로 하고 있으며, 다문화와 관련된 많은 분야에서 미국식 이론과 모델을 수용하고 있는 입장이다. 그러나 다문화교육은 여러 가지 비판에서 자유롭지 못한 상황이며, 많은 시행착오를 겪고 있다. 반면 유럽식 문화다양성 교육의 모델이라 할 수 있는 상호문화교육은 새로운 사회문화적 문제가 던진 도전에 대한 하나의 해답으로 부상하였다. 한국사회의 역사적·지리적·교육적·문화적 특징상, 이 교육의 모델이 좀 더 적합하다고 할 수 있을 것이다. 그 이유는 다음과 같다.

첫째, 출현배경의 문제: 미국의 다문화교육은 1960년대 민권운동, 70년대 여권운동 등과 관련해 출현하였고, 프랑스의 상호문화교육은 1970년대 이민가정 자녀의 문제와 관련해 출현하였다. 한국의 다문화 상황은 1990년대 후반 이민자의 급증과 함께 대두되었고, 문제의 핵심은 민족중심주의에 의한 인종차별이나 동화주의에 있으므로, 프랑스의 상황에 더 가깝다고 할 수 있다.

둘째, 지리적 문제: 미국은 광활한 영토에 다양한 인종 집단이 들어와서 형성된 모자이크식의 국가이다. 다문화교육은 미국, 호주, 캐나다와 같은 큰 영토를 가진 이민국가들이 채택하고 있으며, 상호문화교육은 프랑스, 독일과 같이 좁은 영토 위에 국민국가를 이루고 살다가 이민자를 받아들인 나라가 많이 채택한다. 한국은 후자에 경우에 해당된다고 볼 수 있다.

셋째, 교육적 문제: 미국의 다문화교육은 인종 또는 민족의 평등, 정의, 시민성, 민주주의 등을 주된 내용으로 삼고 있다면, 프랑스의 상호문화교육은 고정관념, 편견, 정체성, 이타성, 표상 등을 주된 내용으로 삼고 있다. 다문화교육은 여전히 집단의 공존, 주류집단의 소수집단에 대한 차별이 존재하는 가운데 일종의 사회교육의 차원에 그칠 수 있지만 상호문화교육은 다문화사회에서 빚어지는 문제를 해소하고 분석하는 차원에까지 이르고 있다. 한국인은 특히, 단일민족의식이 팽배하고 특정 외국인에 대한 편견에 치우쳐 있는 경향이 많으므로 상호문화교육의 형태가 더욱 효과적일 수 있다.

넷째, 문화다양성 문제: 다문화교육은 집단의 복수성을 인정하고 다양한 문화집단의 공존을 강조하는 반면, 상호문화교육은 다른 문화를 가진 개인들 간의 상호작용을 강조한다. 상호문화는 문화적 다양성과 결부해 사회적·교육적 문제를 이해하는데 도움을 주는 이론이다. 다원화된 현대사회는 다양한 집단의 이해와 공존을 넘어서 그들과의 만남과 원만한 관계를 유지하는 역량을 요구한다.

이 글을 마무리하면서 미래 한국사회의 다양성교육을 위한 몇 가지 제언을 하고자 한다.

첫째, '다문화'에 대한 국민의 인식 전환이 시급하다. 한국사회에서 다문화에 대한 인식은 우선 부정적이고, 기피 대상은 아니더라도 선호하는 집단은 아니다. 흔히 다문화인을 분류할 때, 동남아에서 온 외국인 노동자 또는 중국동포를 지칭할 뿐, 미국이나 프랑스에서 온 서양인을 다문화인으로 여기지는 않는다. '다문화'는 21세기를 살아가는 현대인에게 모두 해당되는 용어로 문화의 다양성을 지칭하는 용어이다. 흔히 사용하는 다문화교육, 다문화가정 등과 같은 용어는 우리가 잘못 이해한 채로 사용되는 예들이라고 볼 수 있다. 다시 강조하자면, 다문화는 사회의 현상을 나타내는 용어이며 모든 국가는 다문화사회로 변해가고 있다. '다문화교육'은 모든 학생, 모든 사람, 모든 과목과 관련된 것이다.

둘째, 중앙관리기구의 통합과 사회 관계망 구축이 필요하다. 현재 다문화정책과 관련된 부처는 교육부·여성가족부·행정안전부·법무부 등이다. 또한 정부부처와 각각의 지방자치단체 그리고 평생교육기관, 대학, 시민단체 등에서 다양하게 시행되고 있다. 이렇듯 많은 부처가 관할을 하고, 시행하는 기관도 자의적 활동에 맡겨져 있는 탓으로, 부처 간 소통이 원활하게 이루어지지 않고 일관된 다문화정책 방향을 찾아보기가 어렵다. 또한 관런기관들 간의 협력의 부재와 사회 관계망의 부족으로 중복된 다문화교육정책이 시행되는 경우도 있고 경우에 따라서는 아예 누락되는 경우도 허다하다. 거스를 수 없는 대세라 할 수 있는 다문화사회로의 변화에 대응하기 위해서는 중앙관리기구의 통폐합과 사회 관계망의 유기적인 상호작용이 필수적이라 할 수 있다.

셋째, 전 국민을 대상으로 상호문화교육을 확산시켜야 한다. 모든 현대사회가 안고 있는 핵심 문제는 차별주의나 보편주의에 빠지지 않으면서 동시에 어떻게 다원성과 다양성을 고려하느냐 하는 것이다. 상호문화는 문화다양성을 분석하는 하나의 방법이자 다문화사회의 교육적 대안이다. 아직 상호문화교육이라는 용어는 한국사회에서 익숙하거나 대중적으로 통용되고 있지는 않다. 하지만, 교육계에서는 점차적으로 상호문화교육으로의 붐이 일고 있으며, 또한 다양한 분야로 확산되고 있는 추세다. 교육부를 비롯한 정부 부처, 학교, 관련 지역 기관 등은 21세기 문화다양성 교육의 패러다임으로서 상호문화교육을 채택하고 사회 전반으로의 확산 및 활성화 기반을 마련해 주기를 기대해 본다.

참고문헌

Abdallah-Pretceille, M.(2004), *L'éducation interculturelle*, Paris, PUF.

Banks, J. A.(2001), *Cultural Diversity and Education: Foundations, Curriculum, and Teaching*(4th ed.), Boston: Allyn and Bacon.

Banks, J. A.(2004), "Multicultural education: Historical development, dimensions, and practice", In J. A. Banks & C. A. M. Banks(eds.), *Handbook of research on multicultural education*, pp. 3~29, San Francisco: Jossey-Bass.

Banks, J. A.(2008), "Diversity, group identity, and citizenship education in a global age", *Educational Researcher*, 37(3), pp. 129~139.

Brander, P.(2004), *Kit pédagogique "tous différents-tous égaux"*, Conseil de l'Europe.

Carroll, R.(1987), *Evidences invisibles. Américains et Français au quotidien*, Paris, Seuil.

Cécile Cl., CNAM, 2001. Cité chez:

http://francparleroif.org/FP/dossiers/interculturel_theorie.htm, 28. 01. 2014.

Charaudeau, P.(1990), L'interculturel entre mythe et réalité, Revue *Le*

Français dans le Monde, n° 230, Hachette-Edicef, Paris, 1990.

Chaves, R. M.(2012), *L'interculturel en classe*, PUG.

Clanet, C.(1993), *L'interculturel: introduction aux approches interculturelles en éducation et en sciences humaines*, Presses Universitaires du Mirail.

Cunha, Carneiro da.(2007), *The future of cultures*, Background paper.

Deardorff, D. K.(2004), "The identification and assessment of intercultural competence as a student outcome of international education at institutions of higher education in the United States. Unpublished dissertation", North Carolina State University, Raleigh.

Kerzil et. al.(2004), *L'interculturel principes et réalités à l'école*, SIDES.

Gurin, P. Y., Dey, E. L., Gurin, G., & Hurtado, S.(2003), "How does racial / ethnic diversity promote education?", *Western Journal of Black Studies*, 27(1).

Faure, E., et. al.(1972), *Learning to be*, The world of education today and tomorrow, Paris.

Hanvey, R. G.(1976), *An attainable global perspective*, New York: Center for Global Perspectives in Education.

INCA(2004), "INCA: The theory", Retrieved from http://ec.europa.eu/ewsi/en/resources/detail.cfm?ID_ITEMS=9372.

Ladmiral, J. -R. & Lipiansky, E. M.(1989), *La communication interculturelle*,

Paris : Armand Colin.

Maga, H.(2006), Former les apprenants de FLE à l'interculturel, Francparler, AIF.

Pagé, M.(1993), *Courants d'idées actuels en éducation des clientèles scolaires multiethniques*, Québec: Conseil supérieur de l'éducation.

Partoune, C.(1999), *L'approche interculturelle*, Université de Liège: LMG. http://www.lmg.ulg.ac.be/competences/chantier/ethique/eth_interc ult1.html#ancre159548.

Perotti, A.(1994), *The Case for Intercultural Education*, Council of Europe Press.

Porcher, L.(1995), *Le français langue étrangère: émergence et enseignement d'une discipline*, Paris, Hachette.

Ramsey, P. G.(1987), *Teaching and learning in a diverse world: Multicultural education for young children*, New York: Teacher College Press.

Rey, M.(1986), *Former les enseignants à l'éducation interculturelle?*, Conseil de l'Europe.

Sleeter, C. E., & Grant, C.(1994), *Making Choices for Multicultural Education*: Five Approaches to Race, Class and Gender. Englewood Cliffs, NJ: Prentice Hall.

Sleeter, C. E., & Grant, C.(2007), *Doing multicultural education for achievement and equity*, New York: Routledge.

UNESCO(2001), *Universal Declaration on Cultural Diversity*.

UNESCO(2006), *UNESCO Guidelines on intercultural education*, UNESCO.

Zarate, G.(1986), *Enseigner une culture étrangère*, Hachette.

Banks, James A. and C. A. Banks(2010), *Multicultural Education: Issues and Perspective*; 차윤경 외 역(2011), 『다문화교육: 현안과 전망』, 박학사.

Bennett, C. I.(2007), *Comprehensive multicultural education: Theory and Practice*(6th ed.), Boston, MA: Allyn and Bacon; 김옥순 외 역(2009), 『다문화교육: 이론과 실제』, 학지사.

김현덕 외(2007), 『세계시민교육』, 유네스코 아시아태평양 국제이해교육원.

모경환 외(2008), 『다문화교육 입문』, 아카데미프레스.

서영지(2016), 「고등학교 프랑스어 교육에서의 상호문화접근법 적용 방안 연구」, 서울대학교 박사논문.

이수진(2019), 「문화다양성에 기반한 유아 다문화교육 프로그램 개발 및 효과」, 대구대학교 박사논문.

장인실(2012), 『다문화 교육의 이해와 실천』, 학지사.

정의철(2013), 『다문화 커뮤니케이션』, 커뮤니케이션북스.

정창호(2009), 「세계화의 도전과 상호문화교육」, 『교육의 이론과 실천』 14(2), 181~198쪽.

차윤경(2011), 「다문화교육 현안과 전망」, 『박학사』.

한건수(2009), 「한국사회의 다민족화와 '다문화 열풍'의 위기」, 『지식의 지평』 7, 한국학술협의회, 192~208쪽.

한경구(2017), 「국제이해교육에서 세계시민교육으로」, 『국제이해교육 연구』 12(2), 1~43쪽.

문화다양성 교육과 글로벌 시민교육과의 관계성

조 영 미

1. 서론

전 세계적으로 우리의 삶은 연결되어 있다. 세계 간 상호연관성은 상호의존성과 협력의 중요성이 더욱 절실해졌음을 보여준다. 그러나 현대사회는 정치적·사회적·경제적 불평등과 차별, 혐오가 한층 심화되고 있다. 또한 다양한 문화권의 상이한 가치들이 공존하는 듯하지만 때로는 충돌하기도 한다. 이는 한 사회의 불안정성뿐만 아니라 국제적 위기와도 연결된다. 여전히 전 세계는 분쟁이 가속화되고 있으며 폭력과 위협 더 나아가 분열과 반목의 상황이 확대되고 있다. 군비경쟁은 늘어나고 국가안

보라는 미명하에 군사적 위협이 높아지고 있으며 경쟁적 관계 속에서 가진 사람과 그렇지 못한 사람 간, 일부 소수자의 차별뿐만 아니라 내국인과 외국인, 남성과 여성, 세대와 세대, 정규직과 비정규직, 장애인과 비장애인 등 집단 간 사회의 편 가르기와 혐오의 갈등도 깊어지고 있다. 이러한 현상은 누구도 소외시키지 않는 평화적 방법과 삶이 우리의 일상으로 현실화되지 못하고 있음을 여실히 보여준다.

이러한 신자유주의에 기반을 둔 세계 경제 위기가 심화되면서 그간 활발하게 가시화되지 않았던 문화다양성 교육과 글로벌 시민교육이 한국사회의 새로운 평등과 인권을 위한 담론의 역할을 하고 있다. 교육은 사회가 지향하는 가치를 담고 있다. 사회가 지향하는 가치는 해당 사회의 지속적이고 종합적인 삶의 양식인 문화에 내재되어 나타난다(심승환, 2014). 이러한 문화가 복합적이고 다양한 특징들을 내포한다면 당연히 교육이 지향하는 방향도 그러한 다양한 특징들을 수렴하고 조화시키는 것이어야 한다.

특히 문화다양성 교육과 글로벌 시민교육은 국제적 합의와 규약에 근거하여 발전되어 왔으며 평등과 인권의 가치를 가지고 공동체적 삶을 실천하는 데 기반을 두고 있다. 더 나아가 사회구조적인 차별과 불평등을 변화시키고 다양한 가치의 문제가 상호 충돌하는 사회 속에서 실천적 가시성을 높여 나가고 있다.

그럼에도 불구하고 문화다양성 교육과 글로벌 시민교육은 비슷한 듯, 다른 교육처럼 여겨지기도 한다. 제3차 외국인정책 기본계획(2018~2022)에서는 문화다양성 증진 및 수용성 제고에 문화다양성 교육 프로그램을 확산하고 글로벌 시민교육을 확대 실시하는 정책 과제를 제시하고 있다.

이에 2000년대에 들어 중요성이 커지고 있는 문화다양성 교육과 글로벌 시민교육의 개념과 발전배경을 고찰하고 두 교육의 특징과 공통점 등을 탐색함으로써 두 교육이 어떠한 관계성을 가지는지 그리고 실천적 상호보완성 등을 살펴보고자 한다.

2. 문화다양성 교육과 글로벌 시민교육의 의의와 발전

1) 문화다양성 교육

(1) 문화다양성

모든 국가의 시민과 공동체는 글로벌화되는 사회에서 서로 상이한 포부와 이념, 신념, 언어, 경제, 역사적 경험을 가지게 되었다(Crozier, 2001). 이러한 다름의 상황은 삶의 방식과 배경에서 오는 차이에 대한 존중을 통해서 협력 관계를 맺기보다는 타자나 다른 집단에 대한 가치와 삶이 무시되는 긴장과 혼란, 갈등의 상황을 초래하게 되었다. 인간 소외, 폭력, 가난, 혐오, 이기주의, 불관용 등이 이에 대한 대표적인 사례이며(Ayton-Shenker, 1995) 이들을 넘어서 전쟁과 분쟁의 상황으로까지 촉발되기도 한다. 이러한 측면에서 문화다양성(Cultural diversity)은 인류의 보편적 가치와 인권과 평등을 위해 채택된 개념이다.

유엔 세계인권선언(1948)에서는 개인의 문화적 권리를 인권의 중요 요소로 포함했다. 이 선언은 모든 사람이 문화생활 참여권과 문화 향유권을 지니며 자신의 문화적 창작물에서 발생하는 이익을 보호받아야 한다고 되어 있다(라도삼, 2019). 이 선언의 문화 개념은 1982년 멕시코시티세계문화정책회의로 연결된다. 이 회의에서 문화는 새롭게 정의되는데, 문화는 곧 "예술과 문학에 한정되지 않고 인간의 생활 양식과 기본적인 권리들을 포함하여서 한 사회나 사회집단을 설명해주는 독특한 정신적, 물질적, 지적, 정서적 특질들의 복합체 전체"로 규정한다. 즉, 예술과 문학뿐만 아니라 인간의 생활 양식을 포괄하는 문화 개념으로 발전한 것이다(한건수, 2015).

1998년 유네스코 스톡홀름 회의에서는 세계 모든 문화를 문화적 획일화의 위험으로부터 보호할 것을 명분으로 문화다양성을 제시한다(박선희, 2009). 그리고 문화예외성(exception culturelle)은 문화다양성을 실현하기 위한 도구로 표명한다. 이어서 2001년 제31차 유네스코 총회를 통해 서문과 12조 항의 전문으로 구성된 유네스코 세계문화다양성 선언과 실행계획을 채택한다. 이 선언문에서 '문화'는 한 사회와 집단의 성격을 나타내는 정신적·물질적·지적·감성적 특성의 총체이며 예술이나 문자의 형식뿐 아니라 함께 사는 방법으로서 생활 양식, 인간의 기본권, 가치, 전통과 신앙 등을 포함하는 포괄적 개념으로 정의하고(UNESCO, 2011) 인류의 공동유산인 문화다양성은 현재와 미래 세대의 구성원 모두가 평화롭게 공존하고 상호작용하는 데 필요 수단임을 천명하고 있다.

이후, 2004년 유네스코는 '문화다양성 선언'을 통해 인류문화의 다양성에 대한 중요성을 강조하게 되었다. 이후, 문화적 차이에 기초하여 새로운 문화적 현상을 다양성 측면에서 조명하고 있다. 이를 실천적 측면에서 살펴보면 문화다양성은 집단과 사회의 문화가 표현되는 다양한 방식을 의미하며(유네스코한국위원회, 2008), 민족성·계급·젠더·종교·장애·세대·인종 등에 기초해서 구조적인 차별과 구별 짓기를 해체하는 것이다. 그리고 여기에는 언어·의상·전통·사회를 구성하는 방법, 주위와의 상호교류 관계, 종교와 도덕에 대한 생각 등 사람들 간의 문화적 차이의 해체도 포함한다(Australian Human Rights Commission, 2011).

2005년 파리에서 열린 제33차 유네스코 총회에서는 문화다양성을 집단이나 사회의 문화가 표현되는 다양한 방식으로 정의한다. 그리고 문화다양성은 인류 사회의 기준이 되는 가치와 사회적 관습의 총체를 통합하는 명료한 인류학적 토대를 강조함으로써 모든 문화와 인종이 인류문화에 중요하게 이바지해 왔다는 신념을 가지고 있다(한국문화예술교육진흥원, 2013).

또한 문화다양성은 '존재한다'는 명제를 옹호한다. 즉 생명체의 다양성이 존재하는 것과 마찬가지로 문화다양성은 존재하는 것이며, 존재하는 모든 것은 좋은 것이고 보존되어야 함을 강조한다. 여기서 파생된 복수성의 윤리가 덧붙여진다. 여기에서 다양함이 의미하는 본질은 고정된 결과나 상태보다는 그리고 신사적이고 온화한 합의보다는 투쟁 속에서 생겨나는 운동임을 강조한다(베르나르, 김창민 외 역, 2005). 그러므로 문화다양성을 '현존하는 것'의 지위에 국한해 별개의 정체성 안에 가두어서는 안 되며 고유의 운동성을 통해 '아직 개념이 아닌 것'을 구체화하여 차이를 인정하고, 타자를 발견하는 초대가 되어야 한다고 강조한다(김영천·이동성·황철형, 2012).

이러한 측면에서 문화다양성은 다양한 사회 속에서 보편적

인권을 강조한다. 문화다양성은 인간의 기본적 권리임과 동시에 문화다양성을 형성·유지·발전시킬 문화권의 보호를 받아야 하며 인종, 피부색, 성별, 언어, 종교, 정치적 견해, 사회적 기원, 가난, 출생, 기타 지위 등과 관련 없이 모든 인간 존재를 위한 기본적인 권리이다(Ayton-Shenker, 1995).

결론적으로는 선택과 접근의 다양성, 보편적인 인권과 평등, 균형 잡힌 교류, 표현의 자유 등을 포함하는 상징적인 가치를 가진 것이다(한국문화예술교육진흥원, 2013). 이에 문화다양성은 보편적 인권을 실현하고 사회통합을 강화하며 민주적 통치(governance)를 촉진함으로써 한 사회의 평화정착과 평화공존을 가능하게 하는 가치 혹은 접근이다(이동성·주재홍·김영천, 2013).

따라서 문화다양성의 가치와 인식을 설명하는 이론적 담론을 넘어선 우리의 일상의 삶과 미래를 설계하는 실제적 실천적 담론의 성격이 있다는 것을 인정하면서 이러한 측면에서 문화다양성 교육을 살펴보아야 한다.

문화다양성 교육은 물리적·구조적 폭력이 없는 공동체적인 삶을 살아갈 수 있도록 타 문화집단에 대해 이해를 하는 것뿐만 아니라 그 결과로 태도나 가치 등 내적 변화를 경험하고 차이를 포용하고 실천하는 능력을 길러주는 것이다. 문화다양성 교육을 강조한 Banks와 Banks(2010)에 따르면 문화다양성 교육은 다양한 집단들과 함께 상호작용하고 협상하고 의사를 교환하는 데 필요한 지식과 기술, 태도 등을 획득하는 것이다. 특히 서로 다른 생활 양식과 세계관, 문화에 대한 감수성을 획득하고 조화롭게 공존하는 가치를 인정하고 실천하는 것이다(이동성 외, 2013). 또한 문화다양성 교육은 수평적 관계를 강조한다. 이를 통해 다양한 집단들과의 상호주의에 입각한 의사소통과 협력이 가능할 수 있다. 그리고 보편적 인권을 강조한다. 여기서 보편적 인권이라 함은 특정 지역이나 단일적 전통이나 표준에 기초한 것이 아닌 통합적 원리를 지향한다는 것이다. 보편적 인권을 실현하기 위해서는 다양성이 인정되어야 함은 물론이고 다양성의 인정을 넘어 존중이 수반되어야 한다(Crozier, 2001). 다양성은 여러, 다수, 많은, 다른 등의 가치 중립적인 의미로 사용하는 것을 넘어선 개체들의 평등이라는 이념이 추가된 긍정적 의미로 사용되어야 한다(신기철·신용철, 1986). 집단에 속한 개인들의 '상호의존적 다양성'의 의미에서 개인들이 서로 독립적이면서 동시에 평등한 상호관계라는 새로운 의미가 추가된 것을 의미한다(한국문화예술교육진흥원, 2013). 이는 사회적 불평등의 구조를 들여다보며 정치적·경제적 지위의 불균형을 해소하기 위한 실질적 평등을 보장하는 것이다. 즉, 평등 이념이 가지는 다양성을 수용하고 인식하고 실천하는 단계로 확장하는 관점을 가져야 한다. 인류의 보편적 가치인 인권과 평등을 수호하고 현실 속에서 이를 실현하기 위하여 다양성을 상호의존적이고, 법적·제도적 평등과 실질적 평등의 '새로운 의미'로 인식해야 할 필요가 있다. 평등이라는 이념이 추가된 적극적이고 확장된 의미로서의 다양성은 사람들에게 집단과 집단 사이의 관계를 대등하게 인식하게 하고, 그 집단에 속한 구성원들을 동등하게 볼 것을 요청하고 있다(문화예술교육진흥원, 2013). 이는 자기와 다른 인종, 성, 계층, 성적 취향, 장애 등에 속한 사람들을 자신과 다르지만 동등하게 보는 평등적 인식을 하게 함으로써 문화다양성 교육의 핵심적인 방향이 결정된다(김영천 외, 2012).

이미 여러 유럽 국가에서는 보편적 가치로서의 인권과 평등을 강조하면서 이를 증진하기 위한 문화다양성 교육을 하고 있다. 특히 문화다양성 교육은 사회적 결합과 포용, 사회적 정의를 실현하는 데 중요한 역할을 하며, 민주적 시민성(citizenship)을 함양하는 데에도 매우 핵심적인 기능과 역할을 할 수 있기 때문이다(Jakubowicz, 2009).

우리나라의 경우, 다문화사회의 도래라는 큰 과제 앞에 2007년 개정교육과정을 통해서 다문화교육을 실시해 왔다(홍경아, 2012). 그러나 다문화교육은 모든 사람이 다양한 문화를 이해하고 공유하는 차원보다는 결혼이민여성, 외국인 노동자, 그리고 그들의 자녀 등 소수집단을 대상으로 하는 동화주의적 관점에 머물러(강현석, 2008) 여전히 그 비판에서 벗어나지 못하고 있다. 특히 문화다양성에 대한 철학과 이론 그리고 개념 등에 관한 면밀한 분석과정 없이 결혼이민자나 이주노동자 그리고 그들의 자녀로 그 교육의 범주를 대상화하고 한정하다 보니 배제와 분리의 문제점 또한 나타나게 되었다.

이를 보완하면서 2010년 이후부터는 문화다양성 교육에 대한 정당성이 점차 교육 현장의 중요한 화두가 되었고 다문화정책도 문화다양성을 포함한 정책으로 전환하고자 하는 움직임이 나타나고 있다(김효정, 2012). 제3차 외국인 정책 기본계획에서는 특히 정책의 대상을 일반 국민으로 확대하고 세대·성별·종교·언어·계급 등의 다양한 문화적 요소를 확장한 문화다양성 증진 및 수용성 제고를 정책으로 제시하고 다문화 이해교육, 문화다양성 교육, 세계시민교육 활성화를 주요 과제로 제시하고 있다. 이에 따라 문화다양성 교육을 위한 교육과정 개발 등이 진행되었으며 문화체육부를 중심으로 국민, 이민자 등 대상 특별성 맞춤형 교안 개발, 교육 매뉴얼 제작 및 배포와 참여형 교육 연수 기획 및 운영 사업을 전개하고 있다(법무부, 2018). 그러나 문화다양성 법의 제정과 시행시기가 2014년 이후라는 점을 고려했을 때, 문

화다양성에 대한 교육 논의는 최근 들어서야 진행되어 확장되고
있는 추세다.

(2) 문화다양성 교육의 정의

최근 우리 사회는 문화적 다양성의 관점과 더불어 사회 내의
불평등과 차별, 배제의 문제를 포함하여 소수자의 권익보호가
중요하게 대두되고 있다. 이러한 관점에서 세계화에 따른 다문
화사회라는 전지구적 상황에서 발생하고 있는 현대사회의 복합
적인 문화 상황을 분석하거나 교육하기 위한 문화다양성 교육의
필요성이 시급하게 제기되고 있다(Crozier, 2001; Arts Council of
England, 2003; City of Sydney, 2009).

문화다양성에 대한 논의는 유네스코의 문화다양성 선언과 문
화다양성 협약이 등장하기 전에도 개별 학자에 의해서든 혹은
다양한 사회적 상황과 학술적 맥락에서든 언급되어 왔다(장의선,
2017). 하지만 국내외의 교육과 법률, 제도적 부문에 앞서 문화다
양성에 대한 논의는 유네스코의 문화다양성 선언으로부터 기초
했다.

문화다양성에 대한 논의의 확장은 2001년 프랑스 파리에서
열린 제31차 유네스코 총회에서 '세계 문화다양성 선언'21)을 채

택하고 2005년 유네스코 총회에서 '문화적 표현의 다양성 보호 및 증진 협약(이하 문화다양성 협약)을 채택한 후 본격화되었다(이정금·이병환, 2020).

우리나라에서는 2014년 5월에 '문화다양성 보호와 증진에 관한 법률'을 제정하고 문화다양성을 "집단과 사회의 문화가 집단과 사회 간 그리고 집단과 사회 내에 전하여지는 다양한 방식으로 표현되는 것을 말하며 그 수단과 기법에 관계없이 인류의 문화유산이 표현, 진흥, 전달되는 데에 사용되는 방법의 다양성과 예술적 창작, 생산, 보급, 유통, 향유 방식 등에서의 다양성을 포함한다"(문화다양성의 보호와 증진에 관한 법률, 법률(제17406호), 제2조 1항)고 정의하고 있다. 즉, 세계의 다양한 문화 간에 있을 수 있는 차이와 갈등을 해소하고 문화 간 대화와 교류를 통해 문화다양성을 인류의 공동유산으로 재인식하며 궁극적으로는 다양한 문화의 공동번영과 지구촌의 지속 가능한 발전을 추구해야 한다는 것이다(장의선, 2017). 특히, 문화다양성의 관점을 논의하는 연구들이 공통적으로 지향하는 목표는 단순히 문화적 다양

---

21) 문화다양성 선언 제1조 문화다양성: 인류의 공동유산은 이렇게 기술하고 있다. 문화는 시공간에 여러 형태로 나타난다. 이 다양성은 인류를 구성하는 집단과 사회의 독창성과 특수성(plurality of the identities)을 통해 구현된다. 생태다양성이 자연에 필요한 것처럼 교류·혁신·창조성의 근원으로서 문화다양성은 인류에게 필요한 것이다. 이러한 의미에서 문화다양성은 인류의 공동유산이자 현재와 미래 세대를 위한 혜택으로서 인식하고 확인해야 한다.

성의 중요성에 대한 인식에서 끝나는 것이 아니라, 그것에 대한 존중·수용·상호보완·융합·공존·소통 등의 구체적인 태도와 행동까지로의 확장을 요구하고 있다(한국문화예술교육진흥원, 2013). 다시 말해 문화다양성은 궁극적으로 세계시민으로서 반드시 지녀야 할 문화적 역량을 의미한다(강인애, 2012). 즉, 문화다양성은 삶의 문제일 뿐만 아니라 인류의 생존 그 자체와도 연관되는 교육의 영역이다(김다원, 2010).

문화다양성 교육은 창의성과 다양성 확보를 위해서도 매우 중요하다. 창의성은 개방적이고 다양성을 허용하는 환경에 영향을 받아 길러진다. 따라서 창의적인 미래 인재를 양성하기 위해서는 다양성을 허용하는 환경을 조성하는 것이 매우 중요하다. 그리고 세계화되는 시대를 살아가는 세계시민으로서 태도와 가치를 함양하기 위해서도 중요하다. 더 나아가 인권 및 평화의식의 증진을 위해서도 문화다양성 교육이 필요하다. 문화다양성 교육은 인성교육과도 밀접한 관련이 있는데 인성은 도덕적인 부분을 의미하면서 나아가 공감과 배려 등은 사회적 통합을 위한 필수적 요소이다. 따라서 이러한 측면에서 문화다양성 교육은 기존에 진행되던 다문화교육의 문제점을 극복하기 위한 대안으로 볼 수 있다.

이러한 문화다양성 교육은 최근 많은 학자들 사이에서 정의되고 있다. 강인애·장진혜(2009)는 문화다양성 교육을 인종·성·민족·사회·계층 간의 차이와 다양성에 대한 이해를 중심으로 단일민족 중심의 사고와 편견을 극복하고 학생들이 올바른 정체성을 확립하여 나아가 타문화로부터 파생되는 문화의 풍부함을 배우고 함께 살아가기 위한 방향을 제시하는 교육이라고 하였다. 김수이(2008)는 인종, 민족, 계층 간의 문화에 대한 다양한 정보와 지식을 쌓는 단순한 소양을 가르치는 수준을 넘어서는 교육이라고 정의했다. 은지용(2009)은 인종·민족·성별·계층·지역 등 다양한 집단의 문화를 이해하는 능력과 문화의 차이에 의해 발생하는 갈등이나 편견에 적극적으로 대응할 수 있는 능력을 키우는 교육이라고 하였다. Banks와 Banks(2010)에 따르면 문화다양성 교육은 문화다양성 시대의 구성원이 반드시 지켜야 할 문화적 역량을 갖추도록 이끄는 것으로 사회구성원들과 관계된 성별·인종·문화·민족·언어·종교·계층 등의 차이가 존재하더라도 교육적 평등을 인식하는 것이라고 하였다. 특히 이를 지식과 태도, 기술을 습득하는 과정으로 정의하고 있다(Banks & Banks, 2010). 따라서 다양한 사람들과 함께 상호작용하고 협상하며 의사를 교환하는 과정을 의미한다.

유네스코는 문화다양성 교육을 문화 간의 성공적 대화 수행을 위해 경청, 인지적 유연성, 공감, 겸손, 수용력에 대한 기초적 능력을 키우는 것이라고 하였다(UNSECO, 2010). 설규주(2013)는 문화다양성 교육을 차이 및 다양성의 양상과 가치에 대한 이해를 바탕으로 서로 다른 생활 양식에 대한 감수성을 획득하고, 타 집단이 사회와의 대화와 소통에 참여할 수 있는 능력을 기르는 교육으로 정의한다. 그리고 문화 혹은 문화다양성의 의미와 양상을 파악하는 인지적 차원과 문화다양성을 수용하고 존중하는 정의적 차원, 문화다양성의 보호와 공존을 위해 실천하는 행동적 차원이 필요함을 강조한다(김종아, 2014).

선행 연구의 문화다양성 교육에 대한 정의를 종합하면 문화다양성 교육은 전 지구적 차원에서 인류의 다양한 문화가 공존하는 것은(장의선 외, 2016) 물론이고 그 이상의 목적을 지향한다. 즉, '아직 개념이 아닌 것'을 구체화하여 차이를 인정하고 타자를 발견하는(한국문화예술교육진흥원, 2013) 초대로 본다. 즉, 문화다양성은 문화적 특수성을 인정하고 보호하며 존중하는 동시에 문화적 특수성에서 비롯된 가치들을 긍정하고 증진하며(이동성 외, 2013) 더 나아가 이를 실천하는 것이다. 따라서 문화다양성 교육은 다양한 문화적 가치를 발견하고 존중하며 문화 간 대화를 통해 문화다양성 증진을 추구하고 사회구성원으로서 이러한 요구를 충족시키는 실천적 능력을 발휘할 수 있도록 지식과 태도, 기술을 습득하는 과정이다.

그러므로 문화다양성 교육은 우리 사회의 모든 사람이 서로 이해하고 존중할 뿐만 아니라 보편적 인권을 기반으로 실천하고 소통하여 사회구성원이 차이를 지니고 있더라도 평등에 대해 인식하고 더불어 살아갈 수 있도록 공감, 겸손, 포용력 등의 역량을 함양시키기 위한 교육이다.

(3) 문화다양성 교육의 목표 및 핵심가치

문화다양성 교육은 누구도 소외되지 않는 모두를 위한 교육을 지지한다. 이는 누구나 적절하게 교육을 받아야 함을 강조하는 것이며 이를 위해 교육 내용이나 교수 방법의 다양화와 적절화가 필요하다(유네스코한국위원회, 2010). 문화다양성 교육의 기본 방향은 2001년 유네스코의 '세계 문화다양성 선언'과 '문화적 표현의 보호와 증진을 위한 국제협약'에 뿌리를 두고 있다. 구체적으로 '문화다양성 선언'과 '문화적 표현의 보호와 증진을 위한 국제협약'에서 발표한 문화다양성의 개념, 가치를 사회구성원이 인식할 수 있도록 하며, 이를 바탕으로 문화다양성을 실천하고 표현할 수 있도록 하는 것이 기본 방향이다.

문화다양성 교육은 '존재하는 모든 것'에 대한 존중성과 맥을 함께 한다. 즉 문화적 특수성을 인정하고 보호함과 동시에 존중하며 이러한 상호작용 과정에서 일어나는 보편적인 가치를 긍정하고 증진하는 것이다. 따라서 누구도 소외되지 않는 모든 행위주체들의 실제적인 삶의 맥락 속에서 작동되어야 한다. 그러므로 문화다양성 교육은 어느 한 곳에 국한된 것이 아닌 다양한 집단의 포괄과 다양한 영역을 모두 포괄하는 것으로도 볼 수 있다.

그러므로 문화다양성 교육은 적극적 다문화주의 차원에서 접근해야 한다. 정갑용 외(2004)는 다문화주의가 정치통합, 사회통합 등과 같은 갈등 해소를 목적으로 소수자의 국내 적응과 자립도 강화, 소수자의 교육기회 확대와 사회참여 및 기회의 균등, 소수자 간의 갈등과 마찰 방지 등 주로 소극적 다문화주의라고 한다면 다수자들의 소수자들에 대한 문화적 민감성, 구조적인 사회 불평등과 차별 해소, 사회적 통합 추구와 같은 목적은 적극적 다문화주의이다(한국문화예술교육진흥원, 2013). 소극적 다문화주의에서는 소수자나 비주류의 권리와 보호에 관심을 두고(송선영·김항인, 2015) 그들을 대상으로 한 프로그램 혹은 소수자들에 대한 다수자들의 이해 증진에 초점을 둔다. 따라서 소수자들을 타자화시키는 경향이 강하다.

그러나 적극적 다문화주의에 기초한 문화다양성 교육은 정치·경제·사회·문화·언어·역사·종교 등의 맥락에 대처하는 유동적이고 이종혼교적인 자아정체성을 전제한다(한국문화예술교육진흥원, 2013). 또한, 사회집단 속에서의 주체들이 수평적 인간관계와 수평적 권력관계를 맺은 것으로 본다. 따라서 동화(assimilation)가 아닌 통합(integration)과 포용적 사회 가치를 중요하게 본다. 그러므로 모두가 교육에 참여해야 하며 서로 간의 상호호혜성과 상호의존성이 지향될 수밖에 없다. 이를 위해서는 각 사회구성원의 삶의 면면을 살펴보아야 하므로 실제적이며 미시적인 생활세계를 강조한다. 또한, 다양한 형태의 문화적 가치를 인정하는 것은 모든 개인의 역량 강화에 필수적인 자부심을 심어주는 것이다. 이렇게 회복된 개별적인 자부심과 긍지는 사회통합과 발전에 필요하다(한국문화예술교육진흥원, 2013). 즉, 다양한 주체들의 차이에 대한 상호 인식과 이해는 사회의 분열이 아니라 사회통합을 가져온다. 사회 안에서 각 개인은 이러한 방식으로 연대의 사슬을 이으며, 그 결과 자원을 둘러싼 이기적인 경쟁을 초월하는 경험을 하게 된다. 그리하여 문화다양성은 민주적인 거버넌스를 실행할 수 있는 수단을 제공한다. 결과적으로, 모든 개인과 집단들(청년, 권리를 빼앗긴 자들, 가진 것이 없는 자들, 토착민, 이민자, 일반 시민)은 문화다양성을 추구함으로써 민주적 거버넌스 체제에 대한 신뢰를 회복할 수 있고, 자신들의 기여와 가치가 인정받음을 확인할 수 있다(유네스코한국위원회, 2010).

이를 위해서 문화다양성 교육은 문화와 문화다양성의 의미를 아는 인지적 차원과 다른 문화를 수용하고 존중하는 정의적 차원, 문화다양성 보호와 공존을 위하여 실천할 수 있는 행동적 차원으로 구성한다(임철일·성상환·설규주·최유미·김선희·최소영·정유선·박지은, 2012).

이동성 외(2013)은 이러한 문화다양성 교육의 이론적 특징을 다음과 같이 정리하고 있다. 첫째, 교육정책의 대상 측면에서 볼 때 문화다양성 교육의 이론적 배경은 다수자와 소수자 모두(education for all)를 중요한 교육대상으로 설정한다. 둘째, 정책 방향 측면에서 볼 때, '적극적' 문화주의와 간문화주의에 기초한 문화다양성 교육정책은 다수자와 소수자들의 상호 호혜적인 관계와 상호의존성을 지향한다. 셋째, 교육정책의 실현 방식 측면에서 볼 때, 소극적 다문화교육은 거시적인 문화정책과 교육정책으로 이상적인 다문화사회를 건설하고자 한다. 그러나 문화다양성 교육의 정책 실현 방식은 미시적 접근을 통하여 사회구성원들의 실제적이고 일상적인 생활세계에 주목한다. 그리고 다양한 사회구성원들이 소유하고 있는 문화적 차이의 장점과 문화적 차이의 편재성을 지향한다. 넷째, 교육과정의 측면에서 볼 때, 문화다양성 교육은 부가적인 교육과정보다는 범교과적인 통합적 교육과정을 강조한다. 마지막으로, 교수 방식의 측면에서 볼 때, 문화다양성 교수 방식은 문화적 차이에 대한 인식에서 진일보하여 차이에 관한 대화, 정규 학교 교육을 벗어난 평생교육, 편견과 차별을 해소하기 위한 실천 의지 다지기와 실천 방안을 모색하는 교수 방식(andragogy)을 강조한다.

김영천 외(2012)는 문화다양성 교육의 핵심적 가치를 존중, 관용, 포용, 평등, 인권, 차이, 시민성, 대화, 연대, 결합, 상호의존성, 문화적 민감성, 공존, 협력, 사회적 정의로 나누고 있다. 이에 대한 내용 분석을 진행한 결과, 차이, 문화적 민감성, 대화, 상호의존성으로 핵심가치를 정리하였다. 핵심적 가치로서의 차이는 더 상위수준의 가치로 볼 수 있는 존중과 관용 및 포용을 추구하기 위한 전제조건이다. 또한, 1차적 수준의 문화적 민감성 혹은 문화적 적절성의 가치는 더 상위수준의 가치인 시민성을 함양하기 위한 전제조건이며, 대화(dialogicality)의 가치는 더 상위수준의 가치인 연대 혹은 통합을 실현하기 위한 전제조건이다. 마지막으로, 1차적 수준의 상호의존성의 가치는 더 상위수준의 가치로 볼 수 있는 공존과 협력을 추구하기 위한 전제조건이다. 1차적 수준의 네 가지 핵심가치들은 서로 분리된 것이 아니라 상호보완적인 관계에 있으며, 2차 및 3차적 수준의 가치들인 인권과 평등 그리고 사회적 정의의 밑바탕이 된다고 했다(한국문화예술교육진흥원, 2013).

한국문화예술위원회(2015)는 '세계 문화다양성 선언'과 '문화적 표현의 보호와 증진을 위한 국제협약'을 바탕으로 문화다양성 교육의 핵심가치를 인권 및 평등, 대화, 시민성, 문화적 민감성, 존중, 관용 및 포용, 상호의존성, 사회적 정의, 차이, 공존으로 분류하였다. 인권 및 평등은 평등의 원리에 따라서 공동체 삶을 살 수 있도록 하는 인권의 보장을 의미한다. 존중은 다양한 문화들의 가치를 인정하며, 개인의 인권과 자유를 존중하는 것을 의미한다. 관용과 포용은 자신이 지닌 편견을 다시 검토하여 관용과 포용의 가치를 발견하도록 한다. 시민성은 소수자나 사회적 약자와 공유되는 가치와 신뢰, 약자를 돌보려 하는 의지를 강조하는 시민성을 바탕으로 하고 있다. 대화는 개방된 질문과 상호 존중을 전제로 하여 대화를 하며, 하나의 관점에서 판단하지 않는 것을 의미한다. 다음으로 문화적 민감성은 문화적 감수성의 고양을 통해 다른 사람과 더불어 살아갈 수 있는 문화적인 역량을 의미한다. 상호의존성이란 상호의존적인 기반에서 동일한 문화적 부분보다는 다양한 문화를 통한 포용을 강조하고 있다. 사회적 정의란 문화적 다양성에 대한 공적인 인식과 수용을 해야하는 사회적 정의를 의미한다. 차이는 다양한 문화 속에서 존재하는 차이에 초점을 둔 교육을 통해 다른 문화에 대한 바른 인식과 태도를 구성하는 가치를 의미한다. 공존은 다양한 문화들이 함께 존중, 관용하며 공존해 나가는 가치를 뜻한다.

(4) 문화다양성 교육 역량 및 방법

앞서도 밝힌 바와 같이 문화다양성의 관점을 논의하는 연구들이 공통적으로 지향하는 목표는 단순히 문화적 다양성의 중요성에 대한 인식에서 끝나는 것이 아니라, 그것에 대한 존중·수용·상호보완·융합·공존·소통 등의 구체적인 태도와 행동까지 확장을 요구하고 있다(한국문화예술교육진흥원, 2013). 다시 말해 문화다양성은 궁극적으로 세계시민으로서 반드시 지녀야 할 문화적 역량을 의미한다(강인애, 2012). 유네스코 문화다양성 선언에서는 문화다양성 역량을 강조한다. 문화다양성 역량은 문화다원주의를 통해 문화교류와 공공의 삶을 창조적으로 지탱하게 만들고(제2조), 세계적 차원에서 문화 상품과 서비스를 창조하고 배포하여, 국제협력과 연대를 강화할 수 있게 한다(제10조). 이에 이러한 역량을 강화하기 위한 활동을 추구해야 하고(제12조), 국제 연구 프로그램 및 협력 관계 개발, 그리고 발전도상국과 전환기에 있는 국가들의 창의적 역량을 보존하고 확정하도록 노력해야 함을 강조한다.

문화다양성에서 문화적 역량 강화는 모든 이를 대상으로 다양한 문화 속에서 상이한 의미를 발견하는 문화적 리터러시(literacy)를 신장하는 것이다(송선영·김항인, 2015). 또한, 다른 문화에 속한 사람들과 문화적 감수성을 갖고 성공적으로 상호작용할 수 있는 간 문화적 능력을 갖추는 것이다(김종아, 2014). 따라서 모든 개인과 사회집단, 문화집단의 서로 중첩되는 역동적 다중문화정체성을 서로 인정하고 이해할 수 있는 공간을 창조해야 하며, 또한 단순히 다양성을 수용하는 데서 그치지 말고 상호존중을 수반하는 적극적인 관용을 장려해야 한다(유네스코한국위원회, 2010). 따라서 통합적 교육과정과 교수법에서도 차이에 관한 대화와 실천 방안을 모색하는 교수 방식을 채택한다.

김다원(2011)은 문화다양성 교육의 네 가지 핵심 개념을 인권(인권보호, 인권갈등), 공정(상호의존, 상호작용), 다양성(다양한 문화, 다양한 사람들), 공생(상호연계, 시민성과 책임감, 갈등 해결)으로 제시했다. 주재홍(2013)은 문화다양성 교육의 기초를 마련하기 위해 문화다양성의 범주를 기존의 사회적 범주로 인정받고 있는 사회 계층, 인종, 젠더, 성, 취향, 장애, 세대로 확대했다. 이를 통해 문화다양성의 핵심가치를 차이, 문화적 민감성, 대화, 상호의존성으로 제시한 바 있다.

이러한 교육 범주들은 사회구성원으로 반드시 지녀야 할 문화적 역량으로 강조한다. 다시 말해 문화적 역량은 단순히 법률을 따르거나, 최소한의 실천규범을 준수하거나, 고정적인 최종 목적을 지향하는 것이 아니라, 이상(理想)을 지향하기 위한 지속적인 과정을 의미한다(Diller, 2004). 문화적 역량을 4가지로 정리한 Keast(2006)는 문화적 역량은 첫째, 인간적인 다양성의 근원으로 볼 수 있는 문화적 다양성에 대한 민감성을 의미한다. 둘째, 타자들과 의사소통을 할 수 있는 능력이며, 상호작용적인 대화로 들어갈 수 있는 능력을 의미한다. 셋째, 팀워크, 협력적 학습, 공감적 의사소통, 평화로운 갈등 해결, 확신 형성 등과 함께 살아갈 수 있는 배움을 위한 기술이다. 넷째, 신념·실천·상징·의식(rituals) 등을 탐구할 수 있는 능력이며, 민감하고 논쟁적인 이슈를 다룰 수 있는 능력이다. 마지막으로, 문화적 역량은 비판적 사고와 개인적 성찰을 의미한다(한국문화예술교육진흥원, 2013).

이러한 문화다양성 역량을 강화하는 것은 다양한 문화현상에 대한 인지적·정의적·실천적 역량을 향상하는 것과 맥락을 함께 한다(UNESCO, 2010). 송선영·김항인(2015)은 다양성의 가치 인식, 자기평가, 차이의 역동성, 문화적 지식의 습득과 제도화, 다양성 및 공동체의 문화적 맥락에 적응하는 능력을 주요 문화다양성 역량으로 강조하면서 이를 위한 교육 방향을 '정체성, 다양성, 창의성', '갈등 해결', '지속 가능 발전' 등 세 가지를 들고 있다.

(5) 문화다양성 교육 대상 및 영역

문화다양성 교육은 사회구성원 전체를 대상으로 하고 있다. 즉, 문화다양성은 외국인 근로자, 결혼이주자 등 문화적 소수자로 한정되는 것이 아닌 모든 사회구성원을 포함한다. 이동성 외 (2013)는 문화다양성 교육의 대상을 소수자와 다수자를 모두 포함하여, 모든 사회구성원이 함께 사회적 통합을 할 수 있도록 이끌어 가도록 하는 목적이 있다고 보았다. 문화다양성 교육 대상을 모든 사회구성원으로 선정한 이유는 다양성의 가치를 인식하고 다양성을 존중해야 할 대상은 문화적 소수자보다는 다수자에게 더 해당이 된다고 할 수 있기 때문이다. 즉, 문화적 소수자는 문화적으로 약자의 위치에 있으므로 소수자를 대상으로 하기보다는 다수가 다양성을 존중할 수 있도록 교육하는 것이 훨씬 중요한 것이다.

앞서 언급한 바와 같이 문화다양성 교육정책은 미시적으로 접근하여 일상생활 속의 문화다양성 역량을 중요시하며 문화적 차이에 따라오는 강점과 관계성을 강조하는 교육이다. 설규주 (2013)는 문화다양성 교육을 인지적·정의적·행동적 영역으로 나누어 설명한다. 인지적 영역은 문화 개념 이해, 다문화 현상 이해, 문화변동 이해 등을 말하고 정의적 영역은 반편견, 정체성 형성, 다양성 인정, 상호존중, 민주적 의식, 공동체 의식, 인권의식, 평등, 정의 등의 역량을 말한다(김종아, 2014). 행동적 영역은 대화, 협력, 의사소통, 대인관계 형성, 갈등 해결, 조사, 분석 등의 역량으로 나눈다.

문화다양성 교육 전문인력 양성을 위한 커리큘럼 개발 연구에서는 문화다양성의 개념 및 그와 관련된 다양한 사회문화적 현상에 관한 구체적인 지식과 정보의 인지 영역과 이를 토대로 한 사회 및 여타 구성원들을 바라보는 자신의 관점과 태도, 감정의 변화를 불러일으키는 내용인 정서(정의) 영역과 문화다양성의 가치와 의미를 자신의 생활세계에서 실천할 수 있는 의지와 적극성을 계발하는 내용, 즉 글로벌 시민의식과 연계하는 실천 영역을 포함한다. 마지막으로는 문화다양성 인식과 가치를 반영할 수 있도록 역량을 개발하는 문화창조 표현의 영역을 추가적으로 강조하고 있다(한건수·김다원·천경효·박애경·김용욱·공주영, 2015).

한국문화예술위원회(2015)도 문화다양성 교육의 영역을 기본 방향에 맞추어 분류한 바 있는데 인지 영역, 사회 영역, 실천 영역, 문화창조와 표현의 영역이 그것이다. 인지 영역은 문화다양성에 대한 개념, 지식을 습득하는 영역이다. 인지 영역이 지식적 부분에 대한 영역이라면, 사회정서 영역은 가치와 태도에 대한 영역이다. 문화다양성 교육을 통해 문화다양성에 대한 지식이 습득되었다면 그에 따른 태도와 가치의 변화가 수반되어야 하며, 사회정서 영역에서는 가치와 태도의 변화에 목적을 두고 있다. 다음으로는 실천 영역과 문화창조 및 표현 영역이다. 실천 영역은 행동적인 부분을 다루는 영역이다. 인지 영역과 사회정서 영역에서 지식과 태도를 함양했지만 이를 실천하지 않는다면 교육적인 효과가 없다고 볼 수 있다. 따라서 실천의 중요성과 함께 문화창조와 표현의 영역 또한 강조해야 한다. 즉, 문화다양성 교육은 문화적 다양성을 표출하는 여러 요소와 범주를 포함하고 실제적 환경에서 발현하여 참여자들의 삶과 행동에서의 변화를 가져오도록 전개되는 교육이며(강인애·김현미, 2013) 실천에서 더 나아가 문화창조와 표현까지를 포함한다.

김종아(2014)는 여러 학자가 주장한 다문화교육의 내용 범주를 고려하되, 문화다양성 관련 역량을 기반으로 문화다양성 교육의 내용 요소의 영역을 인지·태도·기술·정책으로 나누어 구분했다(〈표 1〉 참조).

임철일 외(2012)는 문화다양성 교육 영역은 '문화의 의미와 특징', '문화다양성의 요소', '문화다양성의 확산' 영역, '문화다양성 인정과 존중' 영역의 네 가지로 영역을 구성하고 문화다양성 교육의 영역과 목표를 정리하고 있다. 특히 이러한 문화다양성 교육은 학습자의 인지적 영역의 학습뿐만 아니라 태도나 가치의

〈표 1〉 문화다양성 교육 역량 및 내용 요소

영역		관련 역량	내용
학습 영역	인지	문화 일반 이해	• 문화 형성, 문화변동 및 문화 현상을 통찰하는 능력 • 이주 및 커뮤니티에 대해 다루기
		타 문화 이해	• 민족, 인종을 비롯하여 시대, 계층, 성별, 연령에 이르 기까지 나와 다른 문화집단에 대한 이해, 비교문화- 문화 간 유사점과 차이점 파악하기
	태도	정체성 형성	• 긍정적 자기인식 • 개인 정체성, 집단 정체성 형성
		다양성 존중	• 다양한 문화, 다양한 사고, 다양한 관점 존중 • 자기 중심에서 벗어나기, 타인의 입장 되어 보기 • 문화다양성에 대한 관용 및 감수성 신장
		반편견, 사회정의	• 편견, 고정관념에 대한 비판적 사고 형성 • 평등(차별 방지) 및 사회정의에 대한 태도 촉진하기
	기술	간문화적 대화, 협력기술 증진	• 다양한 사람들과 만남, 소통, 상호작용 능력 증진 • 개인과 개인, 개인과 그룹, 그룹과 그룹 사이의 협동능 력 증진
기관	정책	교육의 평등기회 제공	• 사회포용의 개념으로 소수자를 배려하고 소수자의 문화적 권리를 실현

출처: 김종아(2014).

내면화를 지향하므로 기존과는 다른 교수학습이 필요하다고 주
장한다. 특히 문화다양성 교육에서 문화적 감수성 증진과 가치
의 내면화가 중요하며 교육과정 내에서 학습자가 지속적으로
성찰할 수 있는 환경을 마련해 주어야 한다고 강조한다. 다양한
체험활동이 성찰과 연결되지 않을 때 학습의 성과는 미비할 것
이며 그 결과를 새롭게 반영할 기회를 제공 받을 수 없기 때문이
다(임철일·김성욱·최소영·김선희, 2013).

특히 교육과정은 모든 학생이 동등한 학습기회를 제공 받아야

하고, 교육과정은 고정관념과 편견을 제거하는 측면에 초점을 맞추어야 한다. 이러한 교육과정은 인종, 민족, 젠더, 성 취향, 사회 계층, 장애 등에 대한 편견, 정형화, 선입견 등에 도전하여 이러한 편견 없이 개개인의 인간을 존중할 수 있는 마음과 감수성을 높여주는 데 중점을 두어야 한다. 이를 통해 이미 우리 사회 속에 존재하는 편견과 고정관념을 벗어나게 함으로써 민주사회에서 공정하고 개방적인 의식을 갖게 해야 한다(김경식·강이철·강현석·권민석·김병규·박재의·박형진·윤주국·이현철·최성보, 2012). 따라서 다양한 문화집단들의 총체적인 관점과 경험을 포함한다. 특히 기여적 설계 방식을(Banks, 2004) 적용할 필요가 있는데 이는 실질적 이슈를 제시하고 실천적 변화까지 일으킬 수 있도록 설계해야 한다. 이를 위해서는 다양한 문화다양성의 핵심가치뿐만 아니라 보편적 인권을 실천할 수 있는 교육과정이 되어야 한다.

사회의 다양성 증대는 사회 전반의 문화적 토양을 풍부하게 함으로써 새로운 문화창조의 원동력을 제공하고, 공적 및 사적 차원의 대안적 삶을 모색하는 일을 용이하게 해준다(한국문화예술교육진흥원, 2013). 나아가 이러한 다양성의 존중은 존엄하고도 평등한 행위 주체로서의 개인의 존재론적 지위를 가정하는 인권, 자유, 민주주의 등과 같은 지구화 시대의 보편적인 사회 구성 원리와 부합되기 때문에 더욱 중요한 의미를 지닌다(차윤경·부향숙·윤용경 역, 2011).

결론적으로 문화다양성 교육은 문화적 시민성을 실천하는 시민을 양성하는 것이라고 할 수 있다. 즉 인간으로서 삶을 위하여 필요한 인권 등의 가치를 이해하고 실행하며 사회 내에 존재하는 불평등을 인식하고 이를 보다 확장시켜 사회구조적 원인을 파악하고 이를 개선하기 위하여 참여와 연대를 행하는 것이다. 그리고 집단 간 차이와 다양성을 인정하고 자신의 문화 정체성을 이해하며 다른 문화에 대하여 관용을 실천함과 동시에(구정화·박선웅, 2011) 이를 인정하고 새로운 문화를 발전시키는 원동력이다.

2) 글로벌 시민교육

(1) 글로벌 시민성

시민성을 논의할 때는 어떠한 관점으로 접근하느냐에 따라 다를 수 있지만 대부분 시민성이라고 할 때는 국적을 포함하여 어느 국가에 속한 지위나 소속의 성격을 담고 있다. 시민은 사회 구성원으로서 가치 있는 인간의 공동체적 삶을 위해 노력하며 책임을 지는 존재이다. 그러나 국가의 경계를 넘어 초국가적 사회에 사는 우리는 더욱 확대된 형태의 책임과 실천을 요구받는다. 왜냐하면, 다양한 가치가 공존하는 사회에서 서로의 인정과 존중, 지역, 국가, 세계 차원의 각종 분쟁을 대화와 타협과 같은 민주적인 절차를 통해서 해결하려는 시민적 속성이 필요하기 때문이다(박성인, 2012). Griffith(1998)은 글로벌 시민성을 '인권, 책임과 행동'에 기초한 윤리적 이슈로 보고 있다. 즉, 자율적이고 탐구적인 비판 정신을 가지고 사회정의와 인간의 존엄성에 대한 윤리적 기준에 따라 결정하고 행동하는 사람이 글로벌 시민의 모습이며 이러한 정신을 가지고 행동하는 양심을 글로벌 시민성이라 칭한다. 따라서 특정 국가에 속한 국민으로서의 '나'에 대한 정체성뿐만 아니라 글로벌 시민으로서의 '나'의 정체성이 요구된다(한국국제이해교육학회, 유네스코 아시아태평양 국제이해교육원, 2014). 강순원(2014)에 따르면 제국주의 또는 신자유주의적 패권주의에 대항하여 평화, 인권, 정의 및 문화적 다양성 등을 구현하려는 사회 윤리적인 시민정신으로 영토적 국민국가의 국경을 넘어 '범지구적 공공성'을 인식하는 중층적·혼종적 시민정신을 일컫는다(강순원, 2014). 이는 폐쇄적 민족주의나 자민족 중심주의를 넘어선 다원적 세계의 바람직한 공동체를 위한 지향이다(앤서니 기든스, 한상진·박찬욱 역, 1998). '전 세계적으로 영향력을 미치는' 글로벌(global)과 '특정 국가에 속하는 법적 권한을 가진

시민적 책임과 의무로서의' 시민성(citizenship)은 때로는 양립 불가능하나(조우진, 2007), 국가 또는 시장의 패권주의에 대항하는 글로벌한 시민적 요구와 조화시킬 수 있는 역량이 필요하기 때문에 매우 중요하다(강순원, 2014).

글로벌 시민성은 글로벌시민의식, 지구시민의식, 세계시민의식과 같이 다양하게 해석되어 사용된다(성열관, 2010). 강혜라·홍영준(2015)은 국가적 차원에서 인식되었던 시민의식이 세계적 차원으로 발전한 것으로써 세계를 하나의 공동체라고 생각하고 현존하는 글로벌 이슈에 관한 관심을 가지며 세계적 사회문제를 해결하기 위해 노력하는 책임감과 지역, 국가와 국제적인 경계를 넘어서 타인과의 차이점을 이해하고 인류애를 가지는 자세라고 하였다(최유선·손은령·박소리, 2018). 또한, 인류라는 공통점을 기반으로 다양한 문화 간의 정체성을 인정하면서 보편성을 추구하는 시민(노찬옥, 2005)이며 보편적 관점에서 인간의 보편적인 기본권을 존중하고 인류애를 중요하게 여기는 것으로 보기도 한다(김지현·손철성, 2009). 정지현 외(2005)는 문화다양성을 존중하면서 국가발전에 기여할 수 있는 국가정체성을 지닌 시민 역량과 더불어 국가를 초월한 사회의 다원적 가치를 이해하고 세계와 소통을 할 수 있는 세계 시민 역량을 함께 보유한 사람으로 보고 있다. 이는 개인의 고유한 정체성과 진실성을 지키고 심화하는 동시에 다름과 특수성의 경계를 아우르는 연계성 및 연결성을 보호하고 실천하는 것이며(Mcintosh, 2005) 경제 및 사회정의 구현, 환경보호를 통한 지구보호, 사회 및 문화다양성 보존, 평화수호를 이루는 사람이 가진 속성으로 본다(Noddings, 2005). 또한 세계에서 사는 사람들이 복지에 책임성을 느끼고 자신이 속한 지역, 도시, 국가의 경계선을 넘어서 시민에게 유익한 일에 참여하고 행동하고자 하는 바람을 지닌 것으로 보기도 한다(Morais & Ogden, 2010). 유네스코에서는 더 광범위한 공동체와 전체 인류에 소속감을 느끼고 지역·국가·세계에 대해 열려 있는 시각을 견지하며 보편적 가치에 기초한 다양성 및 다원성을 존중함에 따라 자신과 타인 그리고 환경을 포괄적으로 이해하고 행동하는 것을 글로벌 시민성이라고 하였다(UNESCO, 2014). 특히 이러한 글로벌 시민성이 세계주의적 유형(Cosmopolitan types)과 옹호론적 유형(Advocacy types)으로 양분된다는 주장이 제기되기도 하는데 세계주의적 유형에는 정치적·도덕적·경제적·문화적 글로벌 시민성을 포함하고 옹호론적 유형에는 사회적·비판적·환경적·정신적 글로벌 시민성을 포함한다(Oxley & Morris, 2013). 따라서 글로벌 시민은 전지구적 차원에서 인간의 존엄성, 문화다양성, 기본권을 비롯하여 복지·환경·자원 등에 이르기까지 글로벌 이슈에 능동적으로 관여할 수 있는 책임감이라고 할 수 있다(박성인, 2012).

　이러한 글로벌 시민성은 사회화과정을 통해서 후천적으로 습득되는 것이며 이는 지구적 수준의 상호의존과 공존을 위해 세계 모든 문화권에서 개발되어야 할 필요가 있다(김민정, 2016). 더 나아가 이를 구현하기 위해서는 오늘날의 지구환경과 글로벌 위험 체계에 대한 관점을 가지고 있어야 하며 국민국가의 경계를 넘어선 연대와 상호주의적 관점에서 또 다른 형태의 지구적 삶이 가능하다는 것에 대안을 제시하고 실천해야 한다. 즉 세계주의와 옹호론적 관점 모두를 견지하면서도 적극적인 토론과 다양한 가치와 관점을 견지하면서 보다 포용적이고 통합적 형태의 시민성을 실천할 필요성이 있다. 글로벌 시민성이 갖는 포용성은 다양한 정체성을 탐구하는 것이며 시민들이 비판적 의식을 갖도록 하는 것일 뿐만 아니라 학습자에게 자신이 속한 상황을 세계적 상황에서 비판적·성찰적으로 검토하고 고찰하는 것이다. 더 나아가 보편적 인권과 평등적 관점에서 무엇을 추구해야 할 것인지를 대안적으로 검토하고 실천하는 것이다. 따라서 이러한 글로벌 시민성을 함양하기 위해서는 글로벌 시민교육이 필요하다.

(2) 글로벌 시민교육의 정의

세계화의 진전에 따른 국가 간, 지역 간 전지구적 상호의존성의 증대는 국가 내 차원에만 국한하지 않고 다양한 시민교육의 확대를 가져왔다. 제2차 세계대전 이후 유엔과 유네스코를 중심으로 변화와 발전을 거듭하며 추진하고 있는 교육은 세계의 정치·사회·경제적 변화에 따라 평화교육·인권교육·문화다양성 교육·국제교육 등으로 불리어 왔으며 최근에는 글로벌 시민교육(GCED, Global Citizenship Education)으로 확대되고 있다. 이는 갈수록 빨라지는 세계화 속에서 거시적 구조적 차원의 상호연계성이 강화되었을 뿐만 아니라 우리의 일상이 더욱 복잡해진 현실 속에서 등장했다. 자유무역과 이주와 난민, 기후변화와 환경, 갈등과 분쟁, 온라인상에서의 다양한 범죄, 빈곤, COVID-19과 같은 전염성 질병 등의 원인과 영향은 국가 간 경계를 끊임없이 넘나들며 발생하고 그 해결 방안 또한 협력하며 해결해야 하는 문제가 되었다. 세계화된 사회에서는 질병의 확산도 국가의 경계를 넘나들어 나타나고 있고 사이버상에서의 테러나, 폭력, 불평등 구조도 가속화되고 있다.

이에 따라 학습자가 인류 공동으로 직면한 문제들에 관심을 두고, 이를 해결하는 데 필요한 소통, 협력, 창의 및 실천 역량을 갖추어 인권과 사회정의, 다양성, 평등, 평화, 지속 가능 발전 등의 보편적 가치를 존중하는 글로벌 시민을 육성하는 것이(유네스코 아시아태평양 국제이해교육원, 2014) 어느 때보다도 중요해졌다. 즉, 모든 시민이 글로벌 역량과 삶의 질을 향상하는 수월성 함양 뿐만 아니라 각자의 사적 세계로 침몰하여 공동체의 분절화를 가속화하지 않도록 저지하는 비판적 시민이 되어야 하며(김진희·허영식, 2013) 탈국가주의에 기반한 지구공동체에 대한 인식과 세계 간의 상호의존성(interdependency)과 상호연계성(interconnection)을 지녀 국경을 초월하여 서로 상이한 집단과 문화의 공존과 발전 문제를 고민하면서 글로벌 시민으로서 의식과 행동이 변화되어야 한다. 더 나아가 세계공동체를 위한 비판적 지성과 연대성을 높일 수 있도록 국제적 차원에서의 공적 영역을 재창조하는 역할을 해야 한다. 따라서 지구적 차원의 공적 영역을 고려하는 적극적 시민성을 함양하는 새로운 임무를 수행하기 위해 글로벌 시민교육이 탄생했다고 할 수 있다(김진희·허영식, 2013). 즉, 보편적 가치에 기초하여 다양성과 다원성을 존중함으로써(김진희·허영식, 2013) 자신이 있는 자리에서 타인 또는 환경과 연결하고 이해하며 행동하는 시민의 중요성은 곧 '시민성의 세계적 차원'의 실천성을 강조한다고 할 수 있다.

이렇듯 글로벌 시민교육은 교육주제와 영역들의 상호연관성과 문화다양성, 평화와 인권이라는 보편적 가치 개념을 반영하고 있다. 특히 평화와 인권보장을 위해서는 전쟁의 방지뿐만 아니라 빈곤과 불평등에서 벗어나는 것도 중요하다는 인식과 함께 동서대립보다도 남북격차가 더욱 심각한 문제라는 의식이 확산되었기에 가능했다.

이에 1990년 유네스코는 '모두를 위한 교육(Education for All, EFA)'을 통해 범세계적인 기초교육운동을 출범시켰으며 1993년에는 평화·인권·민주주의 교육에 관한 선언(Declaration on Education for Peace, Human Rights and Democracy)으로 수렴되었다(강순원, 2014). 이후, 2000년 다카르 세계교육포럼을 통해 구체적인 목표와 실행계획을 담은 '다카르 행동계획(Dakar Framework for Action)'이 발표되었다. 같은 해 유엔의 새천년 개발 목표(Millennium Development Goals, MDGs)와 더불어 보편교육의 달성을 위한 국제사회의 행동강령으로 교육을 발전시켜 왔다(한경구·김종훈·이규영·조대훈, 2015). 이러한 과정을 거쳐 본격적으로 글로벌 시민교육이 논의되었다. 이는 '국경을 넘어선 시민의식', '민족국가를 초월한 시민의식', '상호의존성에 대한 인식과 다양성의 존중', '인권·평화·정의와 같은 인류 공영의 보편적 가치 추구' 등에 초점을 맞춘 것이다(김진회, 2015; 정우탁, 2015).

글로벌 시민교육에 있어 2012년에 유엔의 '글로벌교육 우선 구상(Global Education First Initiative, GEFI)'은 교육 기회의 확대와 더불어 의미 있는 변화를 가져오는 계기를 마련했다. 모두를 위한 더 나은 미래를 만드는 데 있어 글로벌시민의식이 중요하다는 인식을 높이는 데 기여했다. 특히 세 가지 우선순위 과제 중 하나로 강조한 '글로벌 시민의식 함양'은 현재 인류가 당면한 주요 이슈들에 대해 국가 간 경계를 초월하고 그 해결도 그 경계를 넘는 협력을 통해서 가능함을 인식한 결과이다. 특히 학습자가 책임 있는 글로벌 시민으로 성장할 수 있도록 지원해야 한다는 회원국들의 요구에 따라 유네스코는 글로벌 시민교육을 2014년 이후 향후 8년(2014~2021) 동안 가장 중요한 교육 목표로 삼고 있다(유네스코, 2014). 또한 지난 2015년 UN의 개발정상회의(UN Development Summit)에서 지속가능발전목표(Sustainable Development Goals, SDGs)가 합의되면서 공식적으로 전지구적인 교육개발 협력이 목표이자 달성해야 할 과제로 정해졌다. 더 나아가 평화롭고 지속 가능한 사회를 위해 전 세계가 2030년까지 교육을 중심으로 한 논의를 확장해 나가고 있다. 이는 지구촌의 모든 국가가 참여해야 하는 것으로 교육발전과 교육협력의 중심 의제가 되었다.

특히 우리가 사는 전 세계는 상호 불가분의 관계 속에 있으며 기존의 영토를 중심으로 하는 국민국가의 경계가 약화되는 특징과 함께 한국사회도 글로벌 사회로 접어들어 인종·민족·문화의 다양성에 따른 교육의 변화가 필요할 뿐만 아니라 남북이 분단된 현실에서 서로 간의 이해와 화해가 절실하다. 따라서 한 사회의 구성원으로서뿐만 아니라 세계의 초국가적 시민으로서 다차원적인 관계 속에서 성숙한 삶을 설계하고 이를 실천할 필요성과 중요성이 더욱 강조되고 있다.

한국에서는 글로벌 시민교육을 '세계시민교육', '지구시민교육', '글로벌시티즌십교육' 등으로 명명하고 있다. 특히 그 개념도 관점과 강조점에 따라 다양하게 정의되고 있어 이론적 합의가 어려운 실정이다(Marshall, 2011; Oxley & Morris, 2013).

글로벌 시민교육은 인권교육, 지속 가능 발전교육, 국제이해교육, 문화 간 이해교육 및 평화교육을 모두 포괄하는 다양한 변혁적 교육이다(한경구 외, 2015). 유네스코를 중심으로 한 국제적 논의에서 글로벌 시민교육은 학습자들이 지역 및 글로벌 차원에서 능동적 역할을 스스로 떠맡으며 세계가 직면한 문제들에 맞서 해결하고, 궁극적으로는 더 포용적이고, 정의롭고, 평화로운 세상을 만드는 데 이바지할 수 있도록 필요한 지식·기능·가치·태도를 길러주는 교육으로 정의하고 있다(UNESCO, 2015).

전 세계적으로 글로벌 시민교육을 펼치고 있는 옥스팜(Oxfam)은 사회정의와 평등하고 지속 가능한 세상을 추구하며 이에 대한 적극적인 참여를 강조한다(Oxfam, 2015). 특히 옥스팜은 글로벌 이슈에 대한 인식과 해결에 있어 책임감을 느끼고 가치의 다양성을 존중하고, 세계를 더 정의롭고 지속 가능한 공동체로 변화시키려는 시민을 글로벌 시민으로 정의한다. 따라서 국제이해교육 등이 일국의 시민으로서 타국 또는 인류 전체의 이슈에 대해 관여하는 시민을 상정하는 데 반해 글로벌 시민교육에 있어서 시민은 글로벌 시민으로서의 소속감과 정체성을 가진다 (Hicks, 2003). 이를 토대로 글로벌 시민교육은 빠르게 변화하고 상호의존적인 세상에서 존재하는 다양한 도전과 기회에 대해 학습자가 비판적이고 적극적으로 참여하도록 돕는 변혁적인 교육으로 정의한다(Oxfam, 2015). 국제개발협력시민사회포럼(2015)은 복잡한 전 지구적 도전 문제들을 이해하고 공동체적 의식 및 책임의식으로 이에 대응하여 더불어 사는 사회를 만들기 위한 적극적이고 실천적인 역할과 참여를 진작하는 교육으로 정의한 바 있다. 빈곤·인권·평화·기후변화 등의 글로벌 이슈에 대해 배움으로써 지구마을 사람들에 대한 공감력을 높이고 지구 공동의 문제를 해결하고 더 나은 세계를 만들어가기 위한 역할의식과 책임의식을 함양하는 교육을 정의하기도 한다(월드비전, 2015). 조대훈·조아라(2013)는 학습자를 능동적인 교육 주체로 인식하고 변혁적이며 과정과 문제 해결을 중시하며, 참여와 실천을 지향하고 시민성 실천을 통해 학습하며, 평생교육적 측면의 다면적 교육을 글로벌 시민교육이라고 정의했다. 김진희(2015)는 "국가를 넘어서 전 지구적 문제 해결을 위해 전 지구적 수준의 연대와 협력"을 강조하며 세계인이 하나의 공동체 시각을 갖고 세계체제를 '이해'하고 국제이슈를 해결하는 데 '참여'하는 역량을 키우는 교육으로 정의한다. Guo(2014)는 글로벌 공동체의 구성원으로서의 소속감을 기르고 보편적 인간성, 글로벌 연대에 대한 느낌, 보편적 가치에 기반하여 행동하는 정체성과 책임감을 키우는 교육으로 정의했다(이성회·김미숙·정바울·박영·조윤정·송수희, 2015). Andreotti(2016)는 글로벌 시민교육이 복잡한 구조와 체계, 불평등한 권력 관계 등을 비판적으로 이해하고 학습자가 처한 맥락과 위치에서 변화를 위해 적극적으로 참여하도록 돕는 비판적 글로벌 시민교육(critical global citizenship education)이 되어야 한다고 주장한다. 이성회 외(2015) 또한 학계와 비정부기구, 국제기구 등에서 정의한 글로벌 시민교육에 대한 개념을 포괄적으로 분석하여, "빠르게 변하고 글로벌 상호의존성·불확실성·불평등이 증대되는 세상에서 현재보다 더 정의롭고 지속 가능한 방식으로 더불어 살아가기 위한 학습을 목적으로 하는 변혁적 교육패러다임"으로 개념을 정리했다.

이들 글로벌 시민교육 정의의 공통점은 글로벌 사회에서 공동의 도전과제와 이슈에 대해 비판적 관점에서 효과적인 대응 방안을 모색하고 서로에 대한 상호주의와 책임의식 및 보편적 인권 가치를 기반으로 연대를 통한 참여와 실천을 강조한다는 것을 알 수 있다. 즉, 글로벌 시민교육은 초국가적 정체성을 가지고 사회정의와 평등, 지속 가능한 지구공동체를 위해 다양한 도전과 기회에 대해 학습자가 비판적으로 사고하고 이러한 문제에 맞서 해결하고 궁극적으로는 다차원적인 사회 속에서 성숙한 삶의 설계를 통해 더 정의롭고 지속 가능한 공동체를 만들어가는 변혁적 교육인 것이다.

(3) 글로벌 시민교육의 목표와 핵심가치

글로벌 시민교육이 추구하는 인간상은 '지식정보와 비판적 문해력을 갖춘 학습자', '풍부한 사회적 관계 속에서 다양성을 존중하는 학습자', '윤리적 책임감을 느끼고 참여하는 학습자'이다(옥일남·조대훈·장은주·이지향, 2018). 글로벌 시민교육에서 추구하는 인간상은 교육 영역인 인지적 영역, 사회·정서적 영역, 행동적 영역과 일치한다(박순용·이경한·조대훈·함영기, 2015).

특히 글로벌 시민교육은 무엇보다 학습자(아동, 청소년, 성인)를 능동적인 교육의 주체로 삼는다(나장함·조대훈, 2017). 학습자가 국내의 문제뿐만 아니라 세계적 문제에 모두 관심을 가지고 적극적인 역할을 할 수 있도록 능력을 함양시킨다. 이를 통해 학습자는 모두 공정하고 관용적이며, 지속적으로 발전 가능한 세상을 만드는 데 능동적으로 기여할 수 있다. 또한 변혁적인(transformative) 교육이다. 기성세대의 가치체계와 규범을 일방적으로 학습자에게 전달하는 전통적인 경향에서 벗어나 학습자에게 자신이 보유한 권리와 의무를 깨달을 기회를 제공함으로써 더 나은 세상, 더 나은 미래를 만들어갈 수 있도록 이끈다. 주요 담론에서 제시된 가설과 세계관 권력 관계를 비판적으로 고찰하고, 사회·경제·정치적으로 소외되어 불평등을 경험하는 개인과 집단의 삶의 질을 높이는 방안을 탐색한다. 그리고 '과정 중심적(Process-Oriented)'이고 '문제 해결 중심적(Problem-solving Oriented)'이다. 단순히 '학교 지식(School Knowledge and Contents)'을 습득하는 교육이 아니라 학습자가 필수 지식을 토대로 실생활의 문제들을 비판적으로 분석하고 문제점을 창의적으로 해결해 나가는 '과정 중심적' 교육을 강조한다. 그리고 참여 지향적(Civic Engagement)이며 실천 지향적인(Action-oriented) 교육이다. '시민성에 대하여 배우는 교육(Education ABOUT Citizen-oriented)'을 뛰어넘어 '시민성의 실천을 통해 배우는 교육(Education THROUGH Citizenship)'에 해당한다. 마지막으로 글로벌 시민교육은 평생교육적 접근이 요구되며 학교의 공식적 교육과정뿐만 아니라 잠재적 교육과정 모두를 통해 전개되어야 하는 교육이다(한경구 외, 2015).

궁극적으로 글로벌 시민교육의 목표는 학습자가 실생활 속의 문제들을 비판적으로 분석하고 가능한 해결 방안을 창의적이고 혁신적인 방법으로 찾을 수 있게 하며, 학습자가 주류 담론의 가설과 세계관, 권력 관계를 비판적으로 고찰하고 체제에서 소외된 개인 또는 집단을 고려하도록 하며, 바람직한 변화를 이루기 위해서 개인과 집단의 행동이 필요하고 학습환경 밖에 있는 이들을 포함해 다양한 이해당사자들을 공동체나 더 큰 사회에 참여시키는 것을 목표로 한다(김지선·김도기, 2017).

Pike와 Selby(1995)는 1988년도에 발표되었던 자신들의 연구를 보완하는 연구에서 글로벌 시민교육의 4대 핵심요소를 도출했다. 첫째, 이슈 차원의 교육으로서 학생들은 세계 이슈의 5대 문제, 즉 불평등/평등, 정의/부정의, 갈등/평화, 환경파괴/보호, 소외/참여에 대해 인식하고, 이를 해결하는 과정에 참여해야 한다는 점, 둘째, 공간적 차원의 교육으로서, 이상의 이슈와 관련하여 로컬-글로벌 연계성, 상호의존성, 종속성의 본성이 무엇인가에 관해 탐구해야 한다는 점(성열관, 2010), 셋째, 시간적 차원의 것으로서 학생들은 이상의 이슈와 관련하여(또는 미래에 벌어질 특정 시나리오와 관련하여) 세계의 과거·현재·미래가 어떻게 연계되어 있는지 탐구한다는 점, 넷째, 과정적 차원의 교육으로서 참여적·경험적 교육을 통해 다양한 가치와 상이한 관점에 대해 인식하고, 학생들이 로컬의 시민으로서는 물론 글로벌 시민이라는 것을 정치적으로 의식할 수 있어야 한다는 점을 강조하고 있다.

(4) 글로벌 시민교육의 역량과 방법

글로벌 시민교육은 세계적 문제들을 사회·정치·문화·경제·환경적 관점에서 이해하고 해결하는 데 교육이 적합하다는 것을 인정한다는 점에서 발상의 전환을 뜻한다. 또한, 교육의 역할이 지식과 인지 기술 발달에서 더 나아가 국제협력을 도모하고 사회 변화를 촉진할 수 있는 학습자들의 가치관과 소프트 스킬, 그리고 태도를 기르는 데 있음을 인정한다(유네스코 아시아태평양 국제이해교육원, 2015가).

글로벌교육 우선 구상(GEFI)은 글로벌 시민교육이 학습자가 역동적이고 상호의존적인 21세기 사회에 대응할 수 있는 역량을 갖추도록 하는 데 중요한 역할을 해야 한다고 분명히 밝히고 있다. 특히 다면적 정체성에 대한 이해와 개인의 문화·종교·인종 또는 그 밖의 차이점을 초월하는 '집단 정체성'의 잠재력에 기초한 태도와 전 세계 문제들과 정의·평등·존엄·존중 같은 보편적 가치에 대한 깊은 이해, 문제의 서로 다른 차원과 양상 및 측면을 인지하기 위해 다양한 관점의 접근법을 취하는 것을 포함해 비판적이고 체계적이며 창의적으로 생각하는 인지 기술, 공감이나 갈등 해결 같은 사회적 기술과 의사소통 기술 그리고 다양한 배경과 출신, 문화, 관점을 가진 사람들과 교류하고 소통하는 소질을 포함하는 비인지 기술, 전 세계 문제들의 세계적인 해결 방법을 찾기 위해 협력하고 책임감 있게 행동하며 공동선을 위해 행동하는 능력을 개발해야 함을 강조한다(유네스코 아시아태평양 국제이해교육원, 2014). 특히 이를 정규교육 및 비정규교육을 통한 접근과 교과와 비교과과정을 통한 개입, 관습적 및 비관습적 참여를 통한 방안으로 활용 가능하며 이를 변혁적 교수법과 청소년 주도의 창의적 활동으로 확대해야 함을 강조한다. 즉, 글로벌 시민교육은 학습자가 지역 및 글로벌 차원에서 능동적 역할을 스스로 떠맡으며 세계의 어려운 문제들에 맞서 해결하고, 궁극적으로는 더 정의롭고, 평화로우며, 관용적이고, 포용적이며, 안전하고, 지속 가능한 세상을 만드는 데 앞장설 수 있도록 그들의 역량을 키우는 데 목적이 있다(유네스코 아시아태평양 국제이해교육원, 2015나).

유네스코의 2014년 보고서 및 학계에서 수행된 관련 연구에서 공통적으로 강조하고 있는 글로벌 시민교육의 핵심 역량은 다음과 같다. 첫째, 다중적 정체성에 대한 이해와 개인의 인종·문화·종교·계급 등의 차이점을 초월하는 공동의 '집단 정체성'에 기초한 태도, 둘째, 보편적인 핵심가치(예: 평화, 인권, 다양성, 정의, 민주주의, 차별 철폐, 관용) 및 글로벌 이슈와 경향에 대한 깊은 이해, 셋째, 비판적·창의적·혁신적 사고, 문제 해결 및 의사결정에 필요한 인지적 기능들, 넷째, 감정 이입, 상이한 관점들에 대한 열린 태도, 다섯째, 공감 또는 갈등 해결에 기여 하는 사회적 기술과 의사소통 능력 그리고 다양한 언어·문화·관점을 가진 사람들과 소통하는 능력과 같은 비인지적 기능들(Non-cognitive Skills), 마지막으로 적극적인 행동과 실천에 참여하는 행동 능력을 들고 있다. 이는 기존의 국가와 시민사회를 넘어선 초월적 시민들의 인식 패러다임을 변화시키는 전환적 의의를 내포하고 정치적으로 요원해 보이는 세계공동체 구현과제를 교육을 통해 도모하면서 현시대와 지구사회를 선순환 경로로 바꾸려는 노력이다. 더불어 사는 지구사회의 실현은 이를 목표로 삼고 행동하며 실천할 수 있는 글로벌시민을 길러내는 교육과 그 역량에서 출발한다(한경구 외, 2015).

Oxfam(2006)은 글로벌 시민교육의 내용만큼 방법이 중요하다고 본다. 특히 학생들이 글로벌시민으로서 갖추어야 할 능력과 태도의 교육을 위해 활동적이고 참여적인 교육 방법을 강조하고 있다. 이렇게 해서 얻어질 수 있는 능력과 태도는 대체로 자신감, 자아존중감, 비판적 사고력, 의사소통 능력, 협동심과 갈등 조정 능력과 같은 것들이다(성열관, 2010). Oxfam(2006)의 글로벌 시민교육은 전 세계적인 자원의 불평등 분배와 지속 가능하지 않은 문제에 대해 아는 것과 이를 해결하기 위해 일조할 수 있는 능력을 기르는 것에 일차적인 관심을 둔다는 것이 특징적이다. 학생들이 교실이라는 공간에서 복잡한 세계 이슈에 대해 비판적으로 사고하는 교육기회를 주는 것을 글로벌 시민교육의 보편적 역할로 본다. 그리고 학생들은 오직 하나의 정답을 주지 않기 때문에 자신만의 가치, 의견을 표현할 수 있어야 하며 그것을 계발하고 탐구해 나갈 수 있는 교육을 받을 수 있어야 한다는 것이다. 이렇게 되어야만 학생들은 그들의 권리를 행사하는 법을 배울 수 있고 동시에 타인에 대한 책임감을 가질 수 있다(성열관, 2010).

앞서 글로벌 시민은 국가가 아닌 인류를 통해 권리를 보장받고 국가만이 아닌 인류 전체에 대한 책임이 있음을 밝힌 바 있다. 따라서 글로벌 시민교육은 교육이 어떻게 하면 더 정의롭고, 평화로우며, 관용적이고, 포용적이며, 안전하고, 지속 가능한 세상을 만드는 데 필요한 학습자의 지식과 기술, 가치와 태도를 계발할 수 있는지를 요약한 패러다임이다. 이는 세계적 문제들을 다양한 관점에서 이해하고 이를 해결하기 위한 적합한 태도와 행동을 기르는 데 있다.

세계화 시대의 교육에서 강조되는 글로벌시민의식의 함양은 인지적 지식 및 능력을 보완해 주는 불가결한 요소로서, 전지구적 연대를 위한 가치관과 태도 및 의사소통 기술에 초점을 맞춘다(김진희, 2015; 정우탁, 2015). 또한 학습자의 역동성, 상호의존적인 21세기의 사회에 대응하는 전략을 개발하여 전 세계적인 문제들과 정의·평등·존엄·존중과 같은 보편적 가치에 대한 깊은 이해를 바탕으로 비판적이고 체계적이며 창의적으로 생각하는 인지 기술과 다양한 배경과 출신·문화·관점을 가진 사람들과 교류하고 소통하는 소질을 포함하는 비인지 기술을 동시에 배울수 있도록 한다. 따라서 글로벌 시민교육은 개별성(개인의 권리, 자기계발 등)을 존중하는 동시에 보편성(공동 및 집단의 정체성, 관심사, 참여, 의무)을 어떻게 확보할 수 있을 것인가 하는 근본적인 질문을 우리에게 던지고 있다(유네스코 아시아태평양 국제이해교육원, 2015가).

(5) 글로벌 시민교육 대상 및 영역

글로벌 시민교육의 교육 영역은 인지 영역, 사회정서 영역, 행동 영역으로 분류된다. 인지 영역은 지역사회부터 전 세계 범위의 이슈를 포함해서 다양한 국가와 사람들 간의 상호연계성·상호의존성에 대한 지식과 정보를 습득하고 이해하는 것을 말한다. 여기에는 글로벌 체제와 이슈, 문화다양성에 대한 이해와 국제적 메커니즘의 역학 관계를 이해하는 것이다. 사회정서 영역은 차이와 다양성에 대한 존중, 연대 및 공감, 가치와 책임을 공유하여 인류애를 함양하는 영역을 말한다. 여기에서는 국제적 이슈에 관한 관심과 지구적 참여, 사회정의와 평등의 가치를 통해서 차이와 다양성을 존중하는 태도를 익힐 수 있다. 행동 영역은 평화롭고 지속 가능한 세상을 조성하기 위하여 지역·국가·세계적 차원에서 효과적이고 책임감 있게 행동하는 것을 말한다. 이를 위해서는 비판적 사고와 지구적 연대, 문제 해결과 의사소통 방식, 지구적 사고를 하는 지역적 참여와 실천을 포함한다. 세계시민교육은 이렇게 세 가지 영역을 모두 포함하고 통합적으로 진행되어야 한다(박순용·이경한·조대훈·함영기, 2015).

이를 위해 글로벌 시민교육은 실생활 문제들에 대한 의식을 키우는 학습을 장려하면서 참여 전략과 방법을 통해서 지역 차원의 변화를 끌어내며 세계 차원에까지 영향을 미치는 방법을 제시한다. 이를 실천하기 위해서 변혁적 교수법을 적용한다. 이는 학습자 중심이며, 전인적이고 지역 문제와 공동의 관심사 그리고 책임에 대한 인식을 높이는 데 초점을 맞춘다. 그리고 서로 대화하고 존중하는 학습환경을 장려하며 가치관 형성에 영향을 미치는 문화적 규범, 국가정책 및 국제체제를 인식한다. 그리고 비판적 사고와 창의력을 북돋우고 동기를 부여하며 문제 해결을 지향한다. 위기 극복 능력과 행동 역량을 개발하는 데 초점을

〈표 2〉 글로벌 시민교육의 영역 및 주요 내용

학습 영역	주요 성과	내용
인지	• 세계와 그 복잡성, 세계의 상호연계성 및 상호의존성을 이해하는 데 필요한 지식과 사고 기능을 의미함 • 지식은 주로 아는 것과 관련된 기초적인 지적 과정이자 모든 지적 능력의 토대를 이룸 • 사고기능은 과제를 효과적으로 성취하기 위하여 정보나 자료를 조직하고 이용하는 정신적인 능력임 • 사고 기능에서는 정보의 분류, 해석, 분석, 요약, 종합과 평가 능력이 요구됨 • 사고 기능은 분석적·비판적·통합적 사고가 핵심임	• 지역·국가·세계의 체계와 구조 • 지역·국가·세계 차원에서 공동체 간의 상호작용과 연계에 영향을 미치는 이슈 • 암묵적 가정과 권력의 역학 관계
사회·정서적	• 가치와 태도, 사회적 기능이며 정서적 영역에 해당함 • 따라서 가치는 곧 태도로 나타남 • 사회적 기능은 사회적 영역에 해당하며 더불어 사는 사회에서 타인의 감정과 권리를 존중하고 민주시민으로서 요구되는 배려·존중·연대 등이 필요함 • 특히 학습자는 인권에 기반을 둔 가치와 책임을 공유하며 보편적 인류라는 소속감을 경험함 • 학습자는 차이와 다양성에 대한 존중 및 공감, 연대의 태도를 익힘	• 다양한 차원의 정체성 • 사람들이 속한 다양한 공동체와 공동체 간의 상호연계 방식 • 차이와 다양성의 존중
행동적	• 행위, 수행, 실천 및 참여, 즉, 실천적 행위를 강조하는 영역임 • 이것은 사람이 자신의 가치, 지식과 의사결정을 행동으로 전환하는 능력을 의미함 • 시민 행동, 사회 참여, 민주시민 행동 등을 강조하며 행동을 하기 위해서는 동기 부여가 필요함 • 사회·정서적 영역은 주로 동기를 강조하고 행동적 영역은 주로 행위를 강조함 • 학습자는 더 평화롭고 지속 가능한 세상을 위해 지역·국가·세계 차원에서 효과적이고 책임감 있게 행동함 • 학습자는 필요한 행동을 실천하기 위한 동기와 의지를 기름	• 개인적·집단적으로 취할 수 있는 실천 • 윤리적으로 책임감 있는 행동 • 참여하고 실천하기

출처: 유네스코 아시아태평양 국제이해교육원, 2015.

맞춘다.

그러나 이러한 교육적 지향에도 불구하고 교수-학습 방법의 차별화나 교수 방법의 개발에서는 매우 제한적인 논의들이 전개되고 있다. 특히 학교에서는 사회교과나 도덕교과 적용이 논의되고(김다원, 2010; 김용신, 2013; 모경환·임종수, 2014) 비판적 사고와 논리적 분석, 효과적인 토론과 협력과 분쟁 해결에 대한 창의적 기법들은 적용하고 실천하기는 쉽지 않은 일이다. 또한, 변혁적 학습을 위해서는 개인과 공동체 또는 제도적 차원의 변화도 가져와야 한다. 이를 위해서는 이러한 교육을 담당하는 교수자들의 자기성찰과 변화를 통한 행동적 역량이 요구된다.

3. 문화다양성 교육과 글로벌 시민교육의 관계와 시사점

현재 우리 사회는 안으로는 문화, 언어, 인종, 종교 등의 다원화가 심화되어 가고 밖으로는 상호연결성이 증대되고 있다. 다인종·다문화사회에서는 단일 국가주의를 넘어서는 다원적 시민성(multiple citizenship) 혹은 혼종적 시민성(hybrid citizenship)이 요구된다. 그러나 주류문화 중심의 동화주의적인 경향이 심각하게 표출되기도 한다(Pike, 2000). 그 결과 소수집단에 대한 사회적 배제가 더 심해지고 이와 동시에 글로벌화가 심화시킨 국가 간 불평등이 인종차별주의를 더욱 자극하고 있어 글로벌 위험사회의 모습들은 개선될 기미가 보이지 않는다.

이러한 때에 문화다양성 교육과 글로벌 시민교육의 중요성은 점차 증대되고 있다. 특히 문화다양성에 대한 인식은 시민사회가 국가 공동체 속에서 중요한 의미를 지니는 시민적 덕성으로 자리 잡아가고 있다. 현대 국민국가의 과제 중 하나는 다양한 문화를 지닌 크고 작은 집단들 간에 공유되는 건전한 공통성과 공공선에 대한 애착과 참여이다. 문화다양성 인식을 지닌 민주 시민들은 개별 집단의 문화뿐 아니라 국가나 사회 내의 다른 집단, 나아가 세계 문화에 대한 이해와 참여 의지를 지녀야 한다 (이인정, 2020).

이렇듯 문화다양성 교육은 획일화나 통합을 추구하는 것이 아닌, 다양성을 추구하며 다양성이 존중받고 공존할 수 있는 환경을 추구한다. 글로벌 시민교육은 글로벌한 사회에서의 문제 해결을 목적으로 한 연대를 위해 요구되는 가치 규범과 행동이다. 이 두 교육 모두 인간 존재에 대한 도덕적 책무성을 공동으로 가진다.

글로벌 시민교육은 집단과 국가적 경계를 초월한 공동체 속에서의 소속감, 헌신, 사랑, 관여 및 실천을 의미한다. 그리고 개개인이 공통으로 직면한 사회 속에서 맞닥뜨린 문제들 앞에 소속감과 책임감, 헌신을 경험하고 실천적으로 연대하는 것을 강조한다. 문화다양성 교육은 개개인의 차이를 인정하고 그 다양성을 존중하며 새로운 문화를 창조하는 원동력으로서의 역할을 한다. 개인 간의 차이를 인정하고, 존중하며 타자를 동등한 문화 주체로 인정하고 공동의 발전을 위한 역동적 공동체로서의 행동을 중시한다. 글로벌 시민교육 또한 인식, 가치, 행동적 면에 집중한 교육의 방향을 가지고 구체적으로는 국가 간의 상호의존성, 상호연계성에 대한 지식을 습득, 보편적 인류의 소속감 형성, 평화롭고 지속 가능한 세계에 대한 책무성 있는 실천적 행동을 하는 것을 기본 방향으로 삼는다.

문화다양성 교육의 영역은 인지 영역, 사회정서 영역, 행동 영역, 문화창조 영역으로 구분된다. 문화다양성은 이를 역량과 연결하여 설명하고 있는데 '다양한 문화의 존재와 공존의 필요성을 알고(인지 영역), 이는 사회의 창조와 지속을 가능하게 한다고 믿으며(정의 영역), 문화 간 대화와 교류에 적극 힘쓰는(행동 영역) 종합적 실천 능력이므로 문화 간 인지 능력과 문화 간 감수성 그리고 문화 간 기민성을 중요시한다(장의선 외, 2016). 글로벌 시민교육은 인지 영역, 사회정서 영역, 행동 영역으로 분류하여 교육한다. 문화다양성 교육은 행동적 영역이 실천 영역과 문화

창조 영역으로 구성되어 있어 새로운 문화의 창조성을 더욱 강조한다.

　문화다양성 교육 영역은 국가·민족 간의 문화의 다양성을 의미하는 문화 외적 다양성뿐만 아니라 젠더 간, 세대 간 차이 등을 의미하는 문화 내적 다양성으로 나뉜다. 글로벌 시민교육은 빈곤·계급·장애·인종·민족·국적·세대 등을 다루는 것이 문화다양성 교육과 공통적이나 기후변화, 전염병, 국제분쟁 등을 추가적으로 다룬다(Fernekes, 2016). 그러므로 수직적인 권력 관계에서 수평적 관계로의 이동을 추구하며, 동화주의를 지양하고 다양성에 기초한 사회구성원의 성숙된 변화를 추구한다. 따라서 이종혼교적 정체성, 유동적 정체성 강조, 역동적인 공동체를 지향하는 것이다(조성숙, 2017). 글로벌 시민교육은 지식정보와 비판적 문해력을 갖춘 학습자, 풍부한 사회적 관계 속에서 다양성을 존중하는 학습자, 윤리적 책임감을 느끼고 참여하는 학습자, 세계화 시대에 나타나는 여러 가지 문제를 예방하고 해결하기 위해 행동하는 실천자를 추구한다. 이에 글로벌 시민교육은 국가주의와 국경, 정체성을 초월해 공동체적 연대감을 바탕으로 더욱 변혁적 시도를 중시한다. 또한, 시민들이 비판적 정치의식(political literacy)을 갖도록 하는 것으로서, 학습자에게 자신이 지금 속해 있는 상황과 국가적, 세계적 상황 사이의 연결고리를 이해할 수 있게 하는 비판적 학습(UNESCO, 2009)을 중심으로 한다. 따라서 그 사회뿐만 아니라 전 세계적인 상황에서의 비판적 성찰이 우선시 된다.

문화다양성 교육이 인권 및 평등, 대화, 시민성, 문화적 민감성, 존중, 관용 및 포용, 상호의존성, 사회적 정의, 차이, 공존의 가치에 초점을 맞춘다면 글로벌 시민교육은 존중, 연대 및 공감, 가치와 책임의 상호연계성과 상호의존성에 초점을 맞춘다(박순영, 2013; Reillly·Niens, 2014). 두 교육 모두 보편적 인권과 상호의존성을 강조하고 편견에 반대하며 분열의 연결을 지향하며 국가 간, 개인 간의 상호의존성을 이해하고 존중한다. 따라서 전 세계적인 문제 상황을 이해하고 문화 간 이해를 지향하며 서로를 포용하고 발전시키고자 하는 노력을 기울인다. 다만, 글로벌 시민교육은 보다 확장된 지속 가능 발전의 중요성을 강조한다. 문화다양성 교육도 다문화교육의 한계점을 보완한 창의성과 다양성의 확보, 글로벌 시민으로서 태도와 가치 함양, 인권 및 평화의식을 증진시키는 것에 초점을 맞춘다. 따라서 문화적으로 적절한 교육을 통해 궁극적으로는 긍정적인 정체성을 가지고 지구촌 공동체 일원으로 살아가기 위한 글로벌 시민성을 함양하는 목표를 갖고 있다(정의선 외, 2016). 이렇게 글로벌 시민교육은 글로벌 시민성에 대한 태도와 가치를 함양한다는 점에서 문화다양성 교육과 글로벌 시민교육은 밀접한 연관성이 있다. 이를 통해 다양성을 확보하는 과정을 통해 창의력과 창조적인 역량을 함양하는 공통점을 가진다. 다만 글로벌 시민교육이 지속 가능 발전과 인권과 평화의식에 더욱더 큰 관심을 두고 있어 한층 폭넓고 적극적인 의미가 있다(UNESCO, 2013).

또한 두 교육 모두 국가적·지역적·국제적 수준에서 더욱 포괄적으로 생각하고 공동체적 관점에서 해결 가능한 반성과 실천을 강조한다. 즉 교육 내용·환경·방법·체제에서 '이질성(heterogeneity)'과 '다양성(diversity)'을 인식하고, 학습자의 열린 변화를 촉구하는 교육이라는 점에서 두 교육은 공통의 특징을 가진다(김진희·허영식, 2013). 또한 경험과 활동을 통해서 성찰과 실천을 중요시한다는 측면에서도 유사점을 가진다. 교수 방법과 전략의 측면에 있어서도 모두 학습자가 중심이 된 교수법을 강조하고 있다. 그리고 그 대상은 아동에서 성인, 노인에 이르기까지 전 발달과정을 아우르고, 수평적 차원에서 학교교육과 미디어, 가정교육, 평생교육을 포괄하는 통합적인 평생학습과정으로(강순원, 2014) 이루어져야 함을 강조한다. 따라서 두 교육 모두 모든 사회 구성원 전체를 대상으로 하며 이는 누구도 소외되지 않는 모든 시민의 변화를 요구하는 적극성을 견지하고 있다.

문화다양성 교육과 글로벌 시민교육은 다양성을 근간으로 하는 글로벌시대에 맞는 창의적이고 능동적인 시민을 키우는 교육이라는 점에서 공통점이 있다. 특히 기존의 교육세계가 준거로 삼아 온 동일한 언어적·민족적·집단적 배경을 가진 동형질 국민국가 중심의 접근(nation state-centered approach)에 대한 변화를 기획하는 교육 기제이다. 문화다양성 교육이 문화적 다양성의 인정과 표현의 자유 및 존중, 그리고 더 나아가 보편적 인권 가치에 기반한 교육이고 실천을 강조하는 측면에서도 글로벌 시민교육이 추구하는 바와 맥을 함께 하고 있다.

이러한 교육들이 제대로 이루어지기 위해서는 비판적 관점과 다양성을 견지하면서도 학습자 중심의 변혁적 학습 과정을 기획하고 운영할 수 있는 전문가를 양성하는 방안이 마련되어야 한다. 특히 이러한 교육은 일선 학교현장뿐만 아니라 다양한 청소년단체와 시민사회에서 체계성을 가지고 꾸준히 전개될 수 있도록 노력해야 할 필요성이 있다.

문화다양성 교육과 글로벌 시민교육은 서로 대립하거나 경쟁하는 주제를 다루기보다는 보편적 인권의 가치 지향에서 상호연결성을 강조하는 공통점이 있음을 알 수 있다. 그리고 자기 중심적인 사고에서 벗어나 타인과 다양한 문화와 배경에 대한 존중과 이해를 통해 궁극적으로는 모두가 인권과 평화, 사회정의와 지속 가능한 발전을 지향하는 삶을 살아가는 것을 목표로 하고

있음을 알 수 있다. 또한, 모두가 사회적 약자의 적극적 역할과
더불어 모든 사회구성원의 참여와 실천을 전제로 하고 있다. 그
러므로 어떻게 하면 인류가 함께 공존할 수 있는지를 성찰하는

〈표 3〉 문화다양성 교육과 글로벌 시민교육

	문화다양성 교육	글로벌 시민교육
목표	보편적 인권, 평등, 존중과 관용, 사회 정의 가치 실현	더 정의롭고 평화로우며 안전하고 지속 가능한 사회
인간관	이종혼교적 정체성, 유동적 정체성 수평적 권력 관계	세계와 소통하는 시민으로서 배려와 나눔의 정신으로 공동체 발전 참여
사회관	다양성에 기초한 역동적 공동체 (공존과 발전적 융합)	다양성과 통합, 능동적 공동체 (협력과 연대를 통한 상생)
	수평적 관계, 다양성 존중	수평적 관계, 다양성 존중
강조점	문화 간 대화능력, 사회 범주 간 이해와 소통을 통한 건강한 시민양성	지역과 국가를 세계와 연결하는 광범위한 인류공동체
정책 방향	상호호혜적, 상호의존성 지향	상호호혜적, 상호의존적 지향
담론의 지향성	'차이'는 인정의 대상을 넘어 새로운 문화창조의 원동력	정의, 평등, 존엄, 다양성에 대한 존중, 지속 가능 발전
	나와 타인 모두가 동등한 문화 주체	다면적, 초국가 정체성을 가진 주체
	사회의 문화적 성숙, 문화 창조 역량, 문화적 공존 실천	생활의 문제를 비판적으로 분석, 창의적이고 혁신적 방법으로 해결
교육과정	통합적 교육과정	비판적·통합적·변혁적 교육과정
대상	모든 문화+생활양식	모든 문화+전 세계 이슈
	다수자와 소수자 모두/모든 시민	다수자와 소수자 모두/모든 시민
접근 방식	미시적 접근, 일상생활 강조 문화적 차이의 강점과 관계성 강조	사회의 모든 분야, 모든 문제의 상호 연결성 강조
문제의 초점	언어, 성(性), 계급, 장애, 인종, 국적, 세대 등 문화 전반	빈곤, 계급, 장애, 인종, 민족, 국적, 세대, 기후변화, 전염병, 국제분쟁 등
운영 방식	학교교육을 포함한 평생교육 교과과정과 비교과과정	학교교육을 포함한 평생교육 교과과정과 비교과과정
	삶의 경험과 기술 활용, 협동과 교류 학습, 참여형 경험, 실천교육	과정 및 문제 해결 중심의 참여 지향적, 실천적 교육
주무부처	문화체육관광부	교육부

것에서부터 시작하여 궁극적으로는 인류가 다 함께 살아가기 위한 실천 방향을 제시하는 대안적 삶을 강조하는 교육이다. 그렇기에 두 교육 모두 공통의 과제에 대해 공동대응하고 이를 해결하는 역량을 갖게 하는 글로컬 교육으로 자리매김 되어야 한다.

참고문헌

강순원(2014), 「국제이해교육 맥락에서 한국 글로벌 시민교육의 과제」, 『국제이해교육연구』 9(2), 1~31쪽.

강인애(2012), 『문화다양성 역량 강화 연수프로그램 개발 연구: 문화예술분야 전문인력』, 한국문화예술교육진흥원.

강인애·장진혜(2009), 「'커뮤니티 기반 다문화수업 모형' 개발에 대한 연구: 초등학교 수업사례를 중심으로」, 『초등교육연구』 22(2), 71~97쪽.

강인애·김현미(2013), 「초·중등교사 대상 문화다양성 연수프로그램 개발 및 적용 사례 연구」, 학습자중심교과교육학회 추계 공동학술대회 자료집, 1~22쪽.

강현석(2008), 「다문화 교육과정 설계에서 문화심리학의 적용가능성 탐색」, 『사회과교육』 47(2), 23~57쪽.

강혜라·홍영준(2015), 「해외자원봉사활동이 대학생의 세계시민의식과 다문화수용성에 미치는 영향」, 『시민청소년학연구』 6, 1~36쪽.

구정화·박선웅(2011), 「다문화 시민성 함양을 위한 다문화교육의 목표체계 구성」, 『시민교육연구』 43(3), 1~27쪽.

국제개발협력시민사회포럼(2015), 『국내외 시민사회 교육개발협력의

동향과 과제: 2015 세계교육포럼 및 국제교육개발협력 증진을 위
한 시민사회 역량 강화 연구 최종 보고서』, 국제개발협력시민사회
포럼.

김경식·강이철·강현석·권민석·김병규·박재의·박형진·윤주국·이현
철·최성보(2012), 『다문화사회와 다문화교육』, 신정.

김다원(2010), 「사회과에서 세계시민교육을 위한 '문화다양성' 수업 내
용 구성」, 『한국지역지리학회지』 16(2), 167~181쪽.

김민정(2016), 「다원주의사회에서 문화자본과 문화성향이 세계시민의
식에 미치는 영향」, 영남대학교 박사논문.

김수이(2008), 「다문화 시대의 문화 교육과 국어/문학 교육: 김수영의시
[거대한 뿌리] 비평 교육의 경우」, 『우리말 글』 42, 181~202쪽.

김영천·이동성·황철형(2012), 「다문화가정 아동들의 삶과 교육: 생애사
적 목소리의 재구성」, 『다문화교육연구』 5(1), 137~154쪽.

김용신(2013), 「2011 초등사회과 교육과정의 글로벌교육 지향성 분석」,
『사회과교육연구』 20(1), 1~11쪽.

김종아(2014), 「다문화사회 박물관의 문화다양성 교육실천에 관한 질적
연구」, 한양대학교 박사논문.

김지선·김도기(2017), 「중학교 내 자생적 교사학습공동체의 참여 요인
탐색」, 『교육행정학연구』 35, 411~439쪽.

김지현·손철성(2009), 「세계시민주의, 공동체주의, 자유주의」, 『시대와

철학』 20(2), 93~126쪽.

김진희(2015), 「Post 2015 맥락의 세계시민교육 담론 동향과 쟁점 분석」, 『시민교육연구』, 47(1), 59~88쪽.

김진희·허영식(2013), 「다문화교육과 세계시민교육의 담론과 함의 고찰」, 『한국교육』 40(3), 155~181쪽.

김효정(2012), 『문화다양성 증진을 위한 문화정책 방안』, 한국문화관광연구원.

나장함·조대훈(2017), 「세계시민교육 유관기구 발간 교육자료에 나타난 세계시민교육의 양상 분석」, 『학습자중심교과교육연구』 17, 907~933쪽.

노찬옥(2005), 「다원주의 사회에 적합한 세계시민 개념의 모색」, 『시민교육연구』 37(1), 35~54쪽.

라도삼(2019), 「한국문화정책 체계속의 문화재단의 위상과 역할」, 한국문화예술경영학회 학술대회, 2-2.

모경환·임정수(2014), 「사회과 글로벌 시티즌십 교육의 동향과 과제」, 『시민교육연구』 46(2), 73~108쪽.

박선희(2009), 「유네스코 '문화다양성협약'과 프랑스의 전략」, 『한국정치학회보』 43(3), 195~217쪽.

박성인(2012), 「글로벌 사회의 시민성 교육 접근 방법」, 『글로벌교육연구』 4(1), 17~34쪽.

박순영(2013), *Global citizenship education: Goals and challenges in the new millennium*, Seoul: Asia-Pacific Centre of Education for International Understanding (APCEIU).

박순용·이경한·조대훈·함영기(2015), 『세계시민교육 교수학습 길라잡이』, 유네스코 아시아태평양 국제이해교육원.

법무부(2018), 『제3차 외국인정책 기본계획(2018~2022)』, 법무부.

설규주(2013), 「문화다양성 교육을 위한 커리큘럼 및 매뉴얼 개발 연구」 (제2회 문화다양성 교육 심포지엄), 한국문화예술교육진흥원.

성열관(2010), 「세계시민교육 교육과정의 보편적 핵심요소와 한국적 특수성에 대한 고찰」, 『한국교육』 37(2), 109~130쪽.

송선영·김항인(2015), 「문화다양성 역량 프로그램 개발 I: 이론적 논의와 내용 체계」, 『윤리연구』 100, 한국윤리교육학회, 257~282쪽.

신기철·신용철(1986), 『새우리말 큰사전』, 삼성출판사.

심승환(2014), 「다문화교육과 민주시민교육의 관련성 고찰」, 『교육사상연구』 28(3), 119~146쪽.

옥일남·조대훈·장은주·이지향(2018), 『다문화시대 평생교육 관점에서의 시계, 민주시민교육 과제 및 실천 방향』, 대통령직속 국가교육회의.

월드비전(2015), 『제9회 월드비전 세계시민교육 교원연수 자료집』, 월드비전.

유네스코 아시아태평양 국제이해교육원(2014), 『글로벌 시민교육 '21세기 새로운 인재 기르기'』, 유네스코 아시아태평양 국제이해교육원.

유네스코 아시아태평양 국제이해교육원(2015가), 『세계시민교육 교수, 학습 지침서』, 유네스코 아시아태평양 국제이해교육원.

유네스코 아시아태평양 국제이해교육원(2015나), 『유네스코가 권장하는 세계시민교육 교수학습 길라잡이』, 유네스코 아시아태평양 국제이해교육원.

유네스코한국위원회(2008), 『유네스코와 문화다양성』, 유네스코한국위원회.

유네스코한국위원회(2010), 『문화다양성과 문화 간 대회』, 집문당.

은지용(2009), 「다문화적 인성 발달 이론에 기반한 다문화 학습 모형 탐색」, 『시민교육연구』 41(1), 107~139쪽.

이동성·주재홍·김영천(2013), 「문화다양성 교육의 개념적 특질 및 이론적 배경 고찰」, 『다문화교육연구』 6(1), 51~72쪽.

이성회·김미숙·정바울·박영·조윤정·송수희·이승진(2015), 『세계시민교육의 실태와 실천과제』, 한국교육개발원.

이인정(2020), 「다문화 시대 문화다양성을 지향하는 평화·통일교육의 방향에 관한 연구」, 『도덕윤리과교육연구』 66, 227~250쪽.

이정금·이병환(2020), 「문화다양성 교육정책 분석과 발전 방안 탐색」, 『문화교류와 다문화교육』 9(2), 1~24쪽.

임철일·김성욱·최소영·김선희(2013), 「문화다양성 교육을 위한 지속적 성찰 중심 교수설계 모형 개발 연구」, 『교육공학연구』 29(4), 751~ 782쪽.

임철일·성상환·설규주·최유미·김선희·최소영·정유선·박지은(2012), 『문화다양성 교육 커리큘럼 및 매뉴얼 개발 연구: 초중등 학생 대상』, 한국문화예술교육진흥원.

장의선(2017), 「지속 가능한 미래사회를 위해 필요한 문화다양성 역량」, 『교육광장』 63, 12~15쪽.

장의선·이화진·박주현·강민경(2016), 「세계시민성에 대한 중학생과 교사의 인식 실태 연구」, 『글로벌교육연구』 8(3), 3~28쪽.

정갑용·정상철·박경신(2004), 『문화다양성 국제협약 대응 방안 연구』, 한국문화관광정책연구원.

정우탁(2015), 「세계시민교육이란 무엇인가?」, 『후마니타스포럼』 1(2), 9~30쪽.

정지현·김영순·장연연(2015), 「다문화 리터러시 교육 참여 고등학생의 '세계시민 되기'의 의미」, 『학습자 중심 교과교육연구』 15(5), 323 ~350쪽.

조대훈·조아라(2013), 『행복교육 실현을 위한 글로벌 시민교육(Global Citizenship Education) 개선 방안 연구』, 교육부.

조성숙(2017), 「사회문화예술 교육 현장에서의 문화다양성 교육 연구:

'아시아의 옛 이야기 마법의 그림여행' 프로그램을 중심으로」, 『기초조형학연구』 18(2), 631~645쪽.

조우진(2007), 「사회예술 교육현장에서의 문화다양성 교육 연구: '아시아의 옛이야기 마법의 그림여행' 프로그램을 중심으로」, 『기초형학연구』 18(2), 631~646쪽.

주재홍(2013), 「토착적인 문화다양성 연구를 위한 핵심범주와 가치」, 『한국열린교육학회 학술대회 논문집』, 25~40쪽.

차윤경·부향숙·윤용경 역(2011), 『다문화교육 현안과 전망』, 박학사.

최유선·손은령·박소리(2018), 「대학생의 세계시민성, 진로정체성과 자아정체성 간의 관계」, 『한국진로교육학회』 31(2), 131~149쪽.

한건수(2015), 「한국사회와 문화다양성: 유네스코 문화다양성 협약의 의미와 과제」, 『한국국제이해교육연구』 10(2), 163~199쪽.

한건수·김다원·천경효·박애경·김용욱·공주영(2015), 『2015년도 문화다양성 교육 전문인력 커리큘럼 개발 용역』, 한국문화예술위원회.

한경구·김종훈·이규영·조대훈(2015), 『SDGs 시대의 세계시민교육 추진 방안』, 유네스코 아시아태평양 국제이해교육원.

한국국제이해교육학회, 유네스코 아시아태평양 국제이해교육원(2014), 『21세기 글로벌 시민교육의 전망과 국제이해교육의 과제』(한국국제이해교육학회 제15차 연례 학술대회 자료집), 한국국제이해교육학회·유네스코 아시아태평양 국제이해교육원.

한국문화예술교육진흥원(2013), 『문화다양성 교육 추진을 위한 기초연
구』, 한국문화예술교육진흥원.

한국문화예술위원회(2015), 『문화다양성 교육 커리큘럼 개발 연구』, 한
국문화예술위원회.

홍경아(2012), 「[엄마를 부탁해] 한중 번역의 문제영역 고찰과 번역교육
에의 시사점」, 『중국어교육과연구』(16), 349~370쪽.

Andreotti, V. D. O.(ed.)(2016), *The political economy of global citizenship
education*, Routledge.

Australian Human Rights Commission(2011), *Annual Report 2010-2011*,
Sydney: Australian Human Rights Commission.

Ayton-Shenker, D.(1995), "The challenge of human rights and cultural
diversity", United Nations of Public Information, DPI/1627/HR.

Banks, J. A.(2004), "Teaching for social justice, diversity, and citizenship
in a global world", In The educational forum, *Taylor & Francis
Group*, 68(4), pp. 296~305.

Banks, J. A., & Banks, C. A. M.(2010), *Multicultural education: Issues
and perspectives*(7th ed.), Handbooken, NJ: John, Wiley & sons, Inc.

Crozier, M.(2001), *Guidelines for a cultural diversity policy: An advocacy
document*, Community Relations Council.

Diller, J. V.(2004), *Cultural diversity: A primer for human services*(2nd ed.), Belmont, CA: Brooks/Cole.

Fernekes, W. R.(2016), "Global Citizenship Education and Human Rights Education: Are They Compatible with US Civic Education?", *Journal of International Social Studies*, 6(2), pp. 34~57.

Griffith, D. A.(1998), "Cultural meaning of retail institutions: A tradition-based culture examination", *Journal of Global Marketing*, 12(1), pp. 47~59.

Guo, L.(2014), "Preparing teachers to educate for 21st century global citizenship: Envisioning and Enacting", *Journal of Global Citizenship & Equity Education*, 4(1), pp. 1~23.

Hicks, D.(2003), "Thirty years of global education: a reminder of key principles and precedents", *Educational Review*, 55(3), pp. 265~275.

Jakubowicz, A.(2009), "Cultural diversity, cosmopolitan citizenship and education: Issues, options and implications for Australia", Australian Education Union.

Keast J.(2006), *Religious diversity and intercultural education*, A reference book for schools.

Morais, D. B. & Ogden, A. C.(2010), "Initial development and validation of the global citizenship scale", *Journal of Studies in International*

Education, published online.

http://jsi.sagepub.com/content/early/2010/07/08/10283153103753
08.abstract?patientinform-links=yes&legid=spjsi：102831531037530
8v1 (검색일： 2020.12.28)

Marshall, H.(2011), "Instrumentalism, ideals and imaginaries： theorising the contested space of global citizenship education in schools", *Globalisation, Societies and Education*, 9(3~4), pp. 411~426.

Mcintosh, P.(2005), "Gender perspectives on educating for global citizenship", In Noddings, N.(ed.), *Educating citizens for global awareness*(pp. 22~39), New York： Teachers College Press.

Noddings, N.(2005), "Global citizenship： promises and problems. In Noddings", Noddings, N.(ed.), *Educating citizens for global awareness* (pp. 1~ 21), New York： Teachers College Press.

Oxfam(2015), *Education for global citizenship: a guide for schools*, UK： Oxfam.

Oxfam(2006), *Education for global citizenship: A guide for schools*, Oxford, UK.： Oxfam Development Education.

Oxley, L., & Morris, P.(2013), "Global Citizenship： A Typology for Distinguishing Its Multiple Conceptions", *British Journal of Educational Studies*, 61(3), pp. 301~325.

Pike, G., & Selby, D.(1995), *Reconnecting: from national to global curriculum*, Guildford: World Wide Fund for Nature.

Pike, G.(2000), "Global education and national identity: in pursuit of meaning", *Theory into Practice*, 39(2), pp. 64~73.

Reilly, J., & Niens, U.(2014), "Global citizenship as education for peacebuilding in a divided society: Structural and contextual constraints on the development of critical dialogic discourse in schools", *Compare: A Journal of Comparative and International Education*, 44(1), pp. 53~76.

UNESCO(2001), *Universal Declaration on Cultural Diversity*.

UNESCO(2009), *Defining an Inclusive Education*, Paris: UNESCO.

UNESCO(2010), *UNESCO world report 2: Investing in cultural diversity and intercultural dialogue*, Paris: UNESCO.

UNESCO(2013), "Global citizenship education: Preparing learners for the challenge of the 21st century", *United Nations Educational, Scientific and Cultural Organization*, Paris: UNESCO.

UNESCO(2014). *UNESCO Education Strategy 2014-2021*, Paris: UNESCO.

UNESCO(2015), *Global Citizenship Education: Topics and learning objectives*. Paris: UNESCO.

http://www.hani.co.kr/arti/economy/economy_general/948519.html#csid

    x27c0184431890ed91263ffba72be8f2 (검색일: 2021.04.10)

https://book.coe.int/en/human-rights-democratic-citizenship-and-interc

    ulturalism/3692-religious-diversity-and-intercultural-education-a

    -reference-book-for-schools.html

프랑수아 드 베르나르, 「'문화다양성' 개념의 재정립을 위하여」, 김창민

    외(2005), 『세계화 시대의 문화논리』, 한울아카데미.

앤서니 기든스, 한상진·박찬욱 역(2010), 『제3의 길』, 생각의나무.

UNESCO(2014), 『글로벌 시민교육: 21세기 새로운 인재 기르기[Global

    citizenship education: preparing leaners for the challenges of the 21st

    century]』(유네스코 아시아태평양 국제이해교육원 역), 유네스코

    아시아태평양 국제이해교육원(원전은 2014에 출판).

문화다양성 교육을 위한 동화 스토리텔링의 방향

─ '다문화 인물 시리즈'를 중심으로 ─

강 명 주

1. 다문화 인식 개선을 위한 문화다양성 교육의 필요성

오늘날 사회에서 국가라는 경계는 인위적으로 구역을 나누어 둔 것에 불과하다. 미디어와 통신의 발달로 세계 각 국가 간의 간극이 좁아졌으며 '지구촌' 혹은 '글로벌'이라는 단어가 대두된 지도 오랜 시간이 지났다. 역사 속에서 인류는 몇 번의 대이동을 하기도 하고, 인접 지역들을 소소하게 이동하기도 하며 교류와 충돌을 거듭하며 서로 융화되어 왔다. 그 과정에서 문화는 경계가 허물어졌고 이월이나 혼성의 현상이 나타났다. 현대 대부분의 국가는 한 국가 혹은 사회 안에 다양한 인종, 민족, 계급 등

여러 집단이 공존하는 다문화 사회에 완전히 진입하였다.

반만년 단일민족을 유지해 왔다고 하는 우리나라의 경우에도 마찬가지 상황이다. '반만년 단일민족을 유지해 왔다'고 이야기하는 것도 실상 일본의 식민 통치에 대한 아픈 기억, 민족 분단의 현실과 같은 국난 속에서 공동체 의식으로 단결하여 국가를 발전시켜 왔다는 민족적 자부심이 필요했기 때문이다. 민족주의를 더욱 강조해야만 했던 사회적 배경이 존재한 것이다. 그러나 이미 1980년대 후반부터 인적·문화적 교류가 활발해짐에 따라 현실 반영이 필요했고, 타 문화에 대한 편견을 극복하고 상호이해를 통해 더불어 살아가는 삶의 태도에 대한 교육을 시작하게 되었다. 그럼에도 불구하고 다문화 현상이 공공연해진 것에 비해 여전히 언어적 차원에서 시작해 인식적 차원까지 개선되어야 할 부분이 많다.

우리는 외국인 노동자나 결혼이민자, 귀화인 등과 함께 살아가고 있다. 같은 사회 구성원으로 존재하지만 언어적 소통에서부터 시작하여 사회적 차원에서의 소통에 이르기까지 끊임없는 갈등과 장애가 발생하고 있다. 이에 다문화 인식 개선을 위한 다각적인 접근이 시급히 요구되는 상황이다. 이를 위해서는 우선 어디에서 갈등이 시작되는지를 살펴볼 필요가 있다. 갈등이 일어나는 것에 대하여서는 사회 구성원간의 문화적 '차이'가 존재하며 이에 대한 편견과 배타성에서 벗어나지 못하는 '다양한 문화에 대한 몰이해'(서연주, 2008: 263)가 생긴다는 것이 가장 큰 원인이라고 할 수 있다. 먼저 문화의 개념에 대해서 살펴보자면, 이를 한 문장으로 '문화란, 무엇이다'라고 정의내리기에는 굉장히 광범위한 개념이다. 그래도 굳이 간략하게 정의해보자면 사회구성원들 사이에서 습득되고 전달하며 공유되는 물질적, 정신적 과정의 산물이며 의식주를 비롯한 언어, 학문, 종교, 풍습, 예술, 제도 등 인간 삶의 전반적인 모든 것을 일컫는 말이라고 할 수 있겠다. 그렇다면 결국 문화란 물질적인 것이건, 정신적인 것이건 당대 사회를 반영하는 것이며 머물러 있는 정적인 성질의 것이 아니라 영향을 주고받으며 변해 가는 것이라고 생각해야 한다. 문화는 고정적이기보다 역동적이며, 시간의 경과에 따라 변화(Ethnic communities' Council of Victoria, 2006: 1~6)하는 것으로 보아야 한다는 뜻이다.

서로 이질적인 문화만이 존재하던 사회도 있었겠지만, 접촉 과정에서 서로간의 문화 요소가 전파되고 문화접변의 형태를 겪으며 새로운 문화로 변해 왔다. 300만 년이 넘는 인류의 역사 동안 몇 번의 변화를 겪어오며 변화해 온 것일까. 국가 발생 이후를 시작점으로 잡더라도 아주 오랜 시간이다. 이처럼 긴 시간 동안 오로지 자신만의 문화를 고수하면서 유지할 수 있는 경우는 거의 없다. 거의가 아니라 전혀 존재하지 않는다 하더라도 과언이 아니다. 이런 상황에서 더 이상 문화적 '차이'나 '고유성'만을 강조하는 문화 국수주의적 태도는 의미가 없어 보인다. 물론 문화적 정체성을 올바로 세우는 것도 필요하지만, 다른 문화에 대한 배타적인 태도를 보이는 것이나 '차이'가 원인이 되어 '차별'이 되어 버리는 것은 바람직하지 않다. 다양성을 인정하는 공존의 자세가 필요한 사회에 들어서 있기 때문이다.

앞에서도 언급한 것처럼, 사회의 구성원들은 이미 인종적으로나 민족적으로 다양해졌고, 다문화 사회에서 빈번하게 일어나는 장애나 갈등을 해결하기 위한 다문화 교육이 절실하게 필요한 방향으로 나아가고 있다. 물론 다문화 교육은 이미 계속 진행되어오고 있었으나, 그럼에도 불구하고 인식 개선은 여전히 제대로 이루어지지 못하고 미비한 수준으로 있는 상황이다. 이에 지금은 보다 적극적인 개선안이 필요한 때이다. 그간의 '소극적' 다문화교육에서 나아가 '적극적' 다문화교육의 관점인 문화다양성 측면에서의 접근이 필요하며 많은 연구자들이 이에 주목하고 있다(이동성 외, 2013: 51~72).

문화다양성 교육을 논의하기에 앞서 문화다양성에 대한 개념은 맥락과 상황에 따라 다양한 해석이 가능하다는 점에서 먼저 그 정의를 분명히 할 필요가 있다. 문화다양성은 크게 두 가지 범주에서 이야기하는 것이 가능하다. 한 사회 '안에서'의 범주와 다수의 사회 '사이에서'의 범주다. 이는 접근 방식의 차이에 의한 것인데 그간은 어떻게 접근하느냐에 따라 개념에 충돌이 발생해 논란이 되어 왔다. 그러나 사실 두 가지 접근방식 모두 고려해서 살펴야 한다.

즉, 한 국가나 지역 안에서뿐 아니라 나라들과 문화들 사이에서 찾을 수 있는 문화적 차이를 인정하고 이해하는 중요한 개념이라고 할 수 있다. 문화다양성에 대한 인식은 다양한 사람들이 '어떻게 각기 다른 가치와 신념체계를 형성하며, 다른 경험, 세계관 그리고 대화 방식을 어떻게 이해하고 공유(Pincus, 2001: 4)하는가'에서부터 시작된다. 보통 사람들은 문화적 배경을 갖고 있으며 이에 따라 개인 혹은 집단의 문화적 정체성이 생겨나게 된다. 이러한 문화적 배경은 자기정의, 표현, 집단 소속감을 형성하는 원천으로 작용(vedder et. al., 2006)한다. 다만 이러한 집단 소속감을 바탕으로 이질적이라 생각되는 소수문화 혹은 타문화에 대한 배척이 발생해서는 곤란하다. 각 문화의 특수성을 인정하고 그에서 비롯된 가치들을 긍정하는 태도가 필요하다.

우리는 이미 다문화 사회에 접어들어선지 오랜 시간이 지났다. 사회구성이 새로워졌으며 이를 인정하고 타자를 발견하려는 노력, 공존하려는 노력이 필요하다. 사회적 차별과 억압으로 인한 다문화 가정의 불안정과 다문화가정 아이들의 교육적·사회적 부적응은 사회 안정과 통합에 중요한 부담요인이며 이를 해소(윤영옥, 2013: 232)하기 위해 필요한 것이 문화 다양성 교육이다. 다양한 집단과의 상호작용을 위해 필요한 지식이나 태도를 배우고 이를 통해 바람직한 공동체 사회를 구현할 수 있게 된다. 이때 바람직한 공동체 사회란 결국 구성원들에게 균등하게 주어지는 기회, 차이에 따른 차별이 없는 평등한 관계를 맺을 수 있는 포용적 사회를 이야기한다.

문화다양성 교육은 민족성, 계급, 젠더, 종교, 장애 등에 기초한 구조적 차별과 사회경제적 구분 짓기를 줄이려는 접근이며 특정한 집단에 대한 주변화와 위계화로 특징지어지는 범주적 사고로부터 벗어나게 만들어 준다(이동성 외, 2013: 54). 현재 문화다양성 교육에 관한 현재의 연구들은 공통적으로 문화적 다양성의 중요성에 대한 인식뿐만 아니라 그것에 대한 존중·수용·상호보완·융합·공존·소통 등의 구체적인 태도와 행동까지 확장하는 것을 목표로 한다(이효정 외, 2011; Banks & Banks, 2010). 문화다양성정책에 따라 교육적 접근 방식이 변화하였으며, 문화다양성 교육에 대한 당위와 중요성이 교육현장의 전반에 대두되었다. 세계 각국의 많은 교육자들과 교육연구자들이 본질적 의미의 다문화교육 혹은 문화다양성 교육의 가치와 중요성을 역설(이동성 외, 2013 : 53)하는 시점에서 우리는 바람직한 문화다양성 교육의 방향에 대하여 고민하고 살펴볼 필요가 있겠다.

문화다양성 교육은 교육대상자의 태도와 행동의 변화를 이끌어낼 수 있는 실효성 있는 것이어야 한다. 그간 다문화 교육은 교육대상자를 구성원 전체에 두기보다는 주로 사회적 소수자에게 두어왔다. 다문화 구성원에 집중한 다문화 교육은 사실상 이 사회에 그들을 '흡수'하고자 하는 것이 불과하다. 소수자에 대한 배려를 내세우고 있지만 정작 동화를 강요하는 형태였다고 할 수 있겠다. 다행히 기존의 사회적 소수자에 집중하자는 다문화 교육은 이제 현 사회를 구성하는 모든 이를 대상으로 문화다양성 교육이 필요하다는 인식으로 전환(장민수 외, 2014: 2)되고 있다. 상대적 타자를 수용하고 타자에 대한 존중, 나아가 공존이 가능한 사회가 되기 위한 방향으로 나아가야 할 것이다. 그를 위한 첫 걸음으로 교육적 효과가 비교적 높은 아동들을 대상으로 다문화 동화의 스토리텔링 양상을 살펴보고 앞으로의 방향을 제언해보고자 한다.

2. 다문화 동화의 교육적 가치와 효과

앞 장에서 밝힌 것처럼 한국사회는 더 이상 단일민족국가임을 내세울 수는 없게 되었다. 우리는 이미 다문화 사회로 접어들었으며 그 변화를 인정하고 받아들여야 한다. 여러 문화와 민족들이 함께 공존하는 다문화 사회에서 '차이'는 생소하고 이상한 것, 고쳐야 하는 것이 아니다. 서로 간의 다름을 자연스럽게 받아들일 수 있는 것이어야 한다. 이러한 변화가 사실 모두에게 익숙한 것은 아니다. 이 변화에 대하여 모두가 자연스럽게 받아들인 것은 아니며 그 때문에 무엇보다 '교육'이 필요했다.

당연한 절차로 교육계와 학계에서는 다문화사회와 관련된 연구물들이 쏟아져 나왔고, '다문화 교육'을 시도해 온 지도 어언 이십여 년이 되었다. 그리고 시간이 지남에 따라 이제는 '다문화 교육'의 개념에 변화를 보이고 있으며 이에 주목하게 되는 개념이 '문화 다양성 교육'이다. 기존 '다문화 교육'에 대하여 다시 돌아보고 새로운 교육적 지향에 대한 요구가 있어왔기 때문에 생겨난 변화라고 할 수 있다. 지금까지는 다문화사회의 구성원들을 위해 소수자를 대상으로 하여 사회 통합을 위한 교육과 정책을 추진해왔다. 그러나 다문화 가정이나 외국인노동자 같은 사회적 소수자들만을 대상으로 했던 초기의 교육에서 더 나아가 대상을 확대할 필요가 있었다. 이 글에서도 그러한 관점으로 접근하려고 한다.

이 글에서 다루려는 〈다문화 인물 시리즈〉는 아동을 대상으로 한 문화다양성 교육 동화 시리즈다. 교육 대상으로 하는 아동은 다문화 가정의 아동으로만 한정 짓지 않아야 한다. 아동의 경우에도 다문화사회의 한국에서 살아가는 모든 아동들을 대상으로 그들이 다문화사회를 이해하고 수용하며 문화적 배경이 서로 같지 않은 아동들과 함께 어울려 살아가는 능력을 길러 줄 교육이 함께 이루어져야 하기 때문이며 이를 크게 아래에 나오는 두 가지로 정리해 볼 수 있다(한명숙, 2016: 153).

① [다문화 가정의 아동이]
　한국사회와 문화에 더 친숙해지도록 하는 교육
② [다문화 시대를 살아가는 모든 아동들이]
　다양한 문화 능력을 기를 수 있도록 하는 교육

표시한 것처럼 교육 대상은 다문화 가정의 아동만이어서는 안되며 모든 아동들을 포괄할 수 있어야 한다. 소수자라서 하는 배려는 오히려 그들을 "소수자다" 혹은 "약자다"라는 프레임에 가두는 낙인이 될 수도 있기 때문이다. 다른 점을 내세우는 것보다 그저 다름을 그대로 인정하고 더불어 살아가는 모든 아동들을 대상으로 교화할 수 있는 문화다양성 교육이 이루어져야 할 필요가 있다.

지금까지는 소수자들을 위한 적응교육이나 정체성 함양교육을 통해 한국사회에 소수자를 편입시키기 위한 교육이 주로 진행되어왔음을 언급하였다. 문화적 소수자 대상의 한국어교육, 한국문화교육(혹은 남한문화교육)이 진행되었고 이는 문화적 단일성과 사회적 응집력 유지를 지향하는 것이었다. 그러나 이러한 과정을 통하여 소수자들의 문화적 고유성이나 또 상호 문화적 소통의 중요성이 간과되는 것은 아닌지 검토할 필요가 있다(서연주, 2008: 266). 한 방향으로 이루어지는 교육, 한국인화를 위한 교육은 다문화적 다양성이 가질 수 있는 장점을 제대로 살리지 못하기 때문이다.

소수자와 연대하고 공존하기 위해서는 다문화적 차이를 인정하고 이를 원동력으로 활용할 수 있는 문화다양성 교육의 방안에 대한 고민이 필요하다. 그리고 그 방법 중 하나로 동화 스토리텔링에 주목해보고자 한다. 사람은 스토리를 통하여 과거·현재·미래를 공유하고 외부 세상에 대한 정보를 얻는다(Brunner, 1996). 스토리텔링은 진화론적 관점에서 인류 태초부터 우리와 함께 해 온 인간의 본성에 가까운 것이라고 말하기도 한다. '스토리텔링'은 생존과도 관련된 전략인 것이다. 오늘날 갑자기 스토리텔링이라는 용어에 대하여 주목하면서 많은 연구자들이 새롭게 뜻을 정의하기도 했지만, 기본적인 정의는 이야기를 전달하는 행위를 지칭하는 것이다.

구술문화 시대부터 이야기는 기억을 위한 언어적 표현이었고, 이를 전달한다는 것은 사회와 소통하고 살아남기 위한 중요한 수단이었다. 필요한 정보들을 기억하기 좋은 구조적 장치이자 정보전달의 도구였던 것이다. 즉, 스토리텔링의 효과는 이미 우리에게 깊이 각인되어 있다. 그렇기에 흥미와 재미를 불러일으킬 만한 스토리를 통해 사회나 문화 속에 메시지를 전달하는 것은 단연, '정보'만 전달하는 것에 비하여 교육에 훨씬 효과적인 방법이다.

이야기를 활용한 스토리텔링 교육기법은 동기 유발이 용이하고 전이가 가능하며 실생활에 활용 가능한 개념의 이해를 돕는다(이희경, 2010)는 점에 의미가 있다. 삶을 구체적으로 반영한 스토리텔링은 특히 인생에 대한 시뮬레이션과 같아서 간접 경험으로 의미와 교훈을 도출해낼 수도 있다. 스토리텔링은 행동과 사건의 발생순서에 주목하며 이들을 스토리 전개와 결말에 미치는 영향으로 구분하고 자신과 타자의 간문화적 경험을 의미 있게 정리하도록 도와주므로(장민수 외, 2014: 3) 교육기법으로서 스토리텔링은 문화다양성 교육에서도 유용하게 활용될 수 있다.

문화다양성 교육을 통해 아동들이 함양해야 할 몇 가지 능력이 있다. Lynch(1983)은 이를 문화다양성에 대한 존중과 지지, 자기 문화에 대한 인식과 자부심, 한 사회 대표 문화의 풍부함과 다양성에 대한 지식, 타문화와 삶의 양식 존중, 다양한 문화집단과의 의사소통 능력, 문화적 민감성의 실천, 인종 및 문화 차별의 원인에 대한 지식, 차별 및 편견의 원천에 대한 인식 및 대응 능력, 사회 변화를 위한 참여 등을 강조한 바 있다. 또한, Tiedt와 Tiedt(2010)은 자긍심 지원, 공감 개발, 동등한 기회 제공의 세 영역을 문화다양성 교육의 목표 및 내용 영역으로 제시하였으며 Banks와 그의 동료들(2005)은 정체성, 다양성, 인권, 편견, 차별, 통일성, 상호의존적 관계, 세계의 상호의존성을 언급하였다(임철일 외, 2014: 31).

너무나 거대한 세계 속에서 우리는 올바른 대응이 무엇인지 생각하고 행해야 할 필요가 있다. 문화의 풍부함과 다양성을 인식하고, 상대에 대한 공감과 이해를 바탕으로 한 상호 관계를 유지할 수 있도록 노력해야 한다는 것이다. 이를 함양하기 위한 노력은 교육적 효과가 높은 아동 때부터 자연스럽게 지속하는 것이 좋다. 다양한 문화적 쟁점들에 대면하고, 고민해보기 위해서 어린이들은 질문하고 비판할 기회, 스스로 자신들의 의견을 형성할 수 있는 계기가 필요(Bishop, 2003: 38)하다. 그리고 어린이 문학인 '동화'는 아동들을 쟁점들에 개입하게 만들고 이를 사회적으로 조정하는 역할을 할 수 있기에 '다문화 동화'에 특히 집중해서 살펴보겠다.

동화는 흥미나 교훈만을 목적으로 하는 이야기가 아니라 근본적으로 희망의 담론, 계몽의 기획으로 볼 수 있다. 즉, 인간의 무의식 혹은 정치적 이데올로기, 나아가 인류의 문화를 이해하는 도구로써 활용되어 왔다고 할 수 있다. 가령, 「늑대와 돼지 삼형제」는 성숙한 자아 찾기의 이야기로서, 「콩쥐팥쥐」는 모성 콤플렉스에 대한 이야기로, 이외에도 수많은 동화가 사람 나아가 그 사회를 이해하는 도구로 활용되어 왔다(오정미, 2015: 118). 동화를 통해 어린이들은 자아를 알고 타자를 이해할 수 있으며 이를 통해 성장해나갈 수 있게 된다. 동화, 그 중에서도 특히, 다문화 동화에서 재현된 사실들의 감상과 해석이 사회적 삶의 실천 영역으로 수렴되고 확산될 수 있음에 교육적 가치가 있다(김상욱, 2010: 206). 이에 다문화 동화를 집중해 본 것이다.

먼저, 다문화동화의 범주는 권혁래 선생님의 논의를 가져와 대략 네 가지로 파악해 볼 것이다(권혁래, 2018). 그간은 한국에 거주하는 사회적 소수자들을 주인공으로 하는 이야기가 대부분이었다. 소수자로 적응하면서 생겨나는 어떤 갈등과 노력들을 보여줌으로써 그들의 상황을 대변해 주는 방식이다. 이주노동자를 주로 다룬 동화, 결혼이민자를 주로 다룬 동화, 그리고 다문화 가정 2세들을 주로 다룬 동화가 주를 이루는 것은 다문화 동화가 서사화되는 과정에서 가장 중요한 갈등 요인으로 부각되는 문제는 인종적 차이에 따른 사회적 차별의 문제이기 때문(류찬열, 2009: 275)으로 볼 수 있다. 그리고 권혁래 선생님은 이에 더하여 '이국민들의 모국문화가 드러나 있는 동화'라는 범주로 확장시켜 다문화 동화의 범주를 정리하였다. 이를 나타내면 아래와 같다.

① 이주노동자, 결혼이민자 등과 그 자녀들을 주인공으로 한 동화
② 이주민들이 한국으로 이주하고 정착한 과정을 그린 동화
③ 한국사회에서 이주민들이 소수자로 살아가고 있는 모습을 그린 동화
④ 이주민들의 모국문화가 드러나 있는 동화

위와 같이 다문화 동화의 범주를 정리한 것은 적극적인 문화다양성 교육의 방향에 부합하는 방향이라고 볼 수 있다. 다문화 동화의 범주에 특히 ④ 이주민들의 모국문화가 드러나 있는 동화를 포함시킴으로써 이주민 모국의 문화와 역사, 정서를 존중

하고 다문화의 외연을 확장한 정리를 하였다. 이주민들의 '적응' 뿐 아니라 이주민의 문화 그 자체를 존중하고 받아들인다는 점에서 일보 진전한 범주다. 하지만 여전히 아쉬운 점은 소수자나 이주민에 대한 언급만 있을 뿐, 한국 사회 자체에 대한 언급이 없다는 것이다. 앞 장에서 여러 번 강조한 것처럼 문화다양성 교육은 일방향적이 아닌 사회 구성원 모두에게 이루어져야 한다. 그런 의미에서 이 글에서는 여기에 하나의 범주를 더하였다.

⑤ 사회 구성원들의 문화적 다양성을 보여주는 동화

이는 위에 제시한 것처럼 사회 구성원 전체를 대상으로 한 범주다. 이주자 혹은 이민자로 범주 지을 것이 아니라 사회 구성원 전체로 아울러 문화 다양성에 대한 태도를 보여주는 동화가 필요하다. 그리고 이러한 동화를 통해서 '다문화 감수성'을 자연스럽게 체득할 수 있게 격려하는 것이 필요하다. 어린 시절에 접하는 문학은 주체성 형성에 핵심적인 역할을 할 수 있다(캐런 코우츠, 이미선 역, 2008: 12). 인간은 일반적으로 낯선 것에 대한 두려움을 느끼고, 낯익은 것에 대한 친숙함을 느끼는 경향이 있는데(류찬열, 2009: 288) 아동문학을 통해 이미 사회에 만연한 문화다양성을 내면화함으로써 타자와도 자연스럽게 공존할 수 있게 된다.

스토리텔링은 이야기라는 유의미한 맥락 속에서 학습자들에게 지식이 어떻게 사용되는지를 이해하고 탐구하도록 안내해 줄 수 있다. 또한 스토리텔링이 간문화적인 삶과 유사하게 관련된 이야기를 단순하고 이해 가능한 구조로 변환하여 학습자가 이해하기 쉽게 전달한다는 측면에서 문화다양성 학습을 위한 유용한 교육 방법이 된다(장민수 외, 2014: 3). 학습자는 이야기를 통해 스스로 문화다양성에 대하여 구성해 나가기 때문에 이야기에서 일상생활에서 경험하는 것과 비슷한 실제적인 맥락을 제공해 주는 것이 중요하다. 간문화적이고 실제적인 맥락은 중요한 동기 부여적인 잠재력을(Collins, Brown & Newman, 1989) 이끄는 것에 도움이 된다.

다문화사회로 접어들면서 발생하는 여러 문제들을 다루고 바람직한 미래에 대한 지향성을 드러낼 필요가 있다. 이를 위해 문화적 역량의 핵심요소로서 문화다양성과 관련된 구체적 범주를 제시하고 다문화 동화에 적용할 스토리텔링의 핵심요소를 명확히 해야 한다. 따라서 이를 위해 다음 장에서 '다문화 인물 시리즈'를 통해 이를 살펴보고자 한다.

3. '다문화 인물 시리즈'의 스토리텔링 양상

한국은 이미 다문화 사회로 접어들었고, 이에 대한 편견을 극복하는 것이 과제가 된 지도 오래되었다. 그리고 이러한 사회적 배경 속에 어린이들이 자연스럽게 다문화에 대하여 접할 수 있도록 하자는 기획의도로 서술된 것이 '다문화 인물 시리즈'다. 위 시리즈는 총 10권으로 이루어져 있으며 한 권에 한 명의 인물 이야기를 담고 있는데 각 인물은 과거 우리나라에 이주 혹은 귀화하여 공적을 인정받은 다문화인이다. 여기에서 '과거'라고 함은 10년, 20년이 아닌 그보다 더 오래전으로 거슬러 올라간 과거를 이야기한다.

가령 1권의 주인공인 허황옥은 무려 1800년도 더 전의 인물이다. 허황옥뿐만이 아니다. 금관가야 허황옥(32~188)에서 시작해 화산 이씨의 시조인 이용상(1009~1226), 고려 후기 귀화인인 장순룡(1255~1297)과 이지란(1331~1402), 조선 인조 때 귀화한 네덜란드인 박연(정확한 연도미상), 임진왜란 당시 귀화한 김충선(1571~1642), 제주도에 표류하여 조선에 13년간 있었던 헨드릭 하멜(1630~1692), 선교를 자원하여 온 호러스 그랜트 언더우드(1859~1916), 한국의 독립과 언론 자유를 위해 함께 맞선 어니스트 베델(1873~1909)이 바로 다문화 인물 시리즈에서 다루는 인물들이다.

생존 연도순으로 가장 마지막 인물인 어니스트 베델도 무려 100년 전의 인물이다.

기존의 연구에 의하면, 한국인과 외국인의 교류는 이미 고대부터 존재해 왔다. 단일민족, 단군의 자손이라는 한국인의 일반적 관념과 달리 한국인의 정체성 속에는 아주 예전부터 다양한 민족적·문화적 요소가 포함되어 왔다는 뜻이다(강명주 외, 2016: 241). 고대 국가부터 시작하여 조선시대를 거쳐 오늘날의 대한민국 정부 수립까지 수많은 외국인들이 귀화하고 정착해 왔다. 그리고 외국인에 대한 한국인의 태도는 시대에 따라 변화하여 왔다. 조선 시대에도 외국인을 혐오하지 않았으며 외국인에게 폐쇄적인 것도 아니었고, 기존 체제의 우월성을 기꺼이 수용하는 오랑캐라면 동서양을 막론하고 흡수해 왔다. 한국인과 외국인의 경계선은 문화적인 것이었지 인종이나 민족을 기준으로 한 것이 아니었기 때문이다(윤영옥, 2013: 240). 실상 우리의 진짜 정신적 유산은 단일민족이라는 자긍심이 아니라 지금까지 이루어 놓은 조화와 포용, 공존이라는 정신적 유산이라고 할 수 있겠다. 이를 바탕으로 하여 이제는 다문화사회 다양한 집단 사이의 동등한 사회적 관계를 형성하는 것으로 나아가야 한다.

다문화사회는 역사적 배경이 다른 여러 사회집단들이 모여살기 때문에, 서로의 입장을 이해하고 인정하고 교류할 수 있어야 한다. 다문화에 대한 한국인 중심의 접근은 다문화집단의 입장과 목소리를 억압하거나 배제하는 결과를 낳았기에 이제는 이에 벗어나 배제되거나 억압된 다문화집단의 시각을 복원하기 위한 텍스트의 발굴이 필요한 시점이다(윤영옥, 2013: 243).

'다문화 인물 시리즈'에서는 다양한 다문화인에게 집중하여 이들이 평범한 이웃이자 우리 사회의 발전에 기여한 위인으로 존재했고, 어린이들에게 다문화 가정의 친구들도 자신들과 같은 평범한 우리의 이웃이라는 사실을 느끼게 해준다는 의도로 스토리텔링된 동화다. 한국사 속에 이미 다문화적 성격이 면면히 흐르고 있었으나 그들의 역사는 다소 소홀하게 취급되어 많은 주목을 받지 못했다. 많은 외국인들이 한반도에 귀화하거나 정착하였고, 그 가운데 우리에게 상당한 좋은 영향력을 끼친 인물도 다수였다. 이러한 긴 역사의 흐름 속에서 다문화집단도 한국인들처럼 느끼고 생각하고 행동할 수 있다는 것을 보여주는 것은 그들을 자연스럽게 우리 문화의 일부로 받아들이고 문화다양성을 인식할 수 있게 하는 계기가 될 수 있다.

다문화 인문들은 다양한 면에서 우리나라 사람이기에 그들의 존재를 통해 다문화를 자연스럽게 받아들이는 첫걸음이 되도록 하는 것이다. 다문화사람들을 낯설어하거나 배척하지 않고 우리의 이웃으로 받아들이는 문제에 대해 깊이 생각해볼 수 있는 계기를 마련해 준다는 점에서 다문화 동화에 있어 적절한 소재를 선정한 것이다. 다만, 스토리텔링 방식에는 조금 더 면밀하게 주목해 볼 필요가 있다.

'다문화 인물 시리즈'는 실존 인물을 대상으로 하여 위인전 방식을 차용한 형태로 스토리텔링하고 있다. 그러나 인물의 전기라는 점에서 공통된다는 것일 뿐 위인전이라고 볼 수는 없다. 위인전은 실제 있었던 사실에 기반을 두고 특정 인물의 경험, 삶의 궤적을 서사화한 것이다. 뛰어나고 훌륭한 사람의 서사는 다른 사람들의 귀감이 되며, 그 자체로 사람의 마음을 움직이는 감동적인 요소를 가지고 있다는 점에서 위인의 이야기는 오래도록 사람들에게 전승되고 향유되어 왔다(이채영, 2019: 274).

이때 '위인'이라는 단어에서 '偉'는 "훌륭하다", "위대하다"를 의미한다. 그러나 윌리엄 프레드릭 홀시가 남긴 명언처럼 "이 세상에 위대한 사람은 없고 단지 평범한 사람들이 일어나 맞서는 위대한 도전이 있을 뿐"이다. 그렇기 때문에 실존 인물의 행적을 그리고 있으면서도 '다문화 위인전'이라는 말 대신 '다문화 인물'이라고 명시하고 있으며, 스토리텔링 역시 '위대함'에 초점을 맞추기보다는 '평범한 이웃'의 모습에 주목하여 이루어짐을 확인할 수 있다.

가령 〈고려 시대의 이슬람 귀화인, 장순룡〉편에서 장순룡이라는 인물 자체의 이야기가 크게 부각되지는 않는다. 이야기는 부모님과 함께 이태원 다문화 축제에 가게 된 '유진'이와 '현서'의 시점에서 이루어진다. 축제를 구경하고 나오면서 이슬람 사원을 들리게 되고 이때 만난 무슬림 할아버지에게 팔찌를 받고 이슬람 사원을 날아다니는 꿈을 꾼다. 또 학교 수업시간에 선생님의 설명을 들으면서 자연스럽게 중동에 대하여 익숙함과 호기심을 느끼게 되고 부모님과 도서관과 박물관에 가서 직접 이슬람에 대한 내용을 찾아보는 적극적인 모습을 보이기도 한다. 유진이와 현서는 국립중앙박물관에서 발견한 마법의 양탄자를 타고 충렬왕 시대로 돌아가 '장순룡'을 직접 만나게 된다. 장순룡은 '나는 한 때 위구르 족이고, 원나라 사람이었지만 지금은 고려인이다'라고 이야기한다. 고려 시대는 역사상 가장 개방적인 사회였고 종교나 피부색에 관계없이 그는 자연스럽게 고려 사회에 스며들어 있었다. 유진이와 현서도 그에게 낯선 두려움보다는 친근함을 느낀다. 이 책의 주인공은 귀화인 '장순룡'이 아니라 다만 우리 사회 구성원으로의 '장순룡'이며 그뿐만이 아니라 책을 읽는 아동의 모습을 대변하는 '유진'과 '현서'이기도 하다.

이는 '다문화 인물 시리즈'의 두 번째 책인 〈고려의 장군이 된 베트남 왕자, 이용상〉의 스토리텔링 양상을 확인하면 다문화 인물만을 이야기하는 것이 아니라는 점이 더욱 뚜렷해진다. 〈고려의 장군이 된 이용상〉에서는 '이용상'과 '동오'의 이야기 두 개가 교차되면서 진행된다. 책에서 이야기하고 싶은 주인공은 '이용상'뿐만이 아니며 내가 될 수도 있는, 나를 대변해 주는 인물인 것이다.

이 글에서 '동오'는 원치 않게 시골로 이사 오면서 아이들과 어울리지 못하고 겉도는 모습을 보인다. '낯설음'과 '다름'에 좀처럼 익숙해지지 못하고 거리를 두기만 하는 동오의 곁에는 그런 모습을 좋지 않게 생각하는 친구들도 있고, 또 도와주려는 친구도 있다. 누구나 흔하게 겪을 수 있는 상황이다. '전학'을 가지 않더라도 새 학년이 되어 진급을 하거나 졸업을 하고 입학을 하면 우리는 이전과는 다른 낯설고 새로운 환경에 마주하게 된다. 그리고 사실 그 감정은 우리 사회의 '다문화인'들도 누구보다 뚜렷하게 느끼는 부분이다. 감정의 깊이에 차이는 있을 수 있겠지만, 그 결은 동일한 것이다. 이 이야기는 그 부분에 주목하고 있다. 그들도 우리와 느끼는 감정이 다르지 않다는 것, 또 스스로도 노력해야 한다는 것 두 가지를 역할과 태도를 간접 경험할 수 있도록 하는 스토리텔링 방식을 사용하는 것이다. 동오는 미술 시간 호승이가 빌려준 크레파스로 그림을 그리다가 타임슬립을 경험하게 된다. 호승이의 시조인 '이용상' 장군을 만나게 되는데 그와 이야기를 나누면서 비슷한 처지와 생각에 위로를 받고 본인을 돌아볼 수 있게 된다.

　"저도 떠나온 곳이 너무나 그리워요. 그 곳에 돌아가고 싶은 마음만 가득해서 지금 있는 곳에는 정이 가지 않아요. 저도 모르게 모든 것이 싫고 자꾸 짜증이 나요."

　동오는 자기도 모르게 이용상 장군님에게 자신의 고민을 털어놓았습니다. 이용상 장군님은 그런 동오를 바라보며 인자하게 말씀하셨어요.

　"그래, 그럴 수 있지. 나도 여기에 온지 꽤 시간이 흘렀고, 왕께서도 챙겨주시는데 쫓겨나듯 떠나온 그 고국이 그리우니 말이다. (…중략…) 우리는 과거에 얽매이기보다 때로는 놓을 줄도 알아야지. 그래야 앞으로 나아갈 수 있는 법이란다. 그리움은 그리움으로 내려두고 나면 다시 새로운 것이 쥐어질거야."(강명주, 2020: 51)

　어린이는 동오에게 공감하고, 이용상에 대해 공감할 수 있으며 내 공간에 대한 '낯선 침입자' 혹은 '낯선 환경'에 대한 부정적인 시각을 조금이라도 바꾸는 데 도움이 된다. 다르고 낯선 환경에 들어서게 되었을 때, 이전을 그리워하는 것은 당연한 감정이다. 이런 형태의 전달 방식은 다문화교육의 경우, 타 문화의 '차이'에 대해 한쪽 입장에서 분류, 설명하는 사실 정보 제공보다

관람자에게 그 이해와 공감의 폭을 넓히며 감정적 동화의 깊이도 어느 정도 확보할 수 있는 결과를 가져올 수 있는 효과적인 스토리텔링 방식이다(서연주, 2008: 273). 즉, 학습자가 특정의 인격에 대입되도록 이끌어줌으로써 스토리 속의 인물과 동일시되고 문화다양성의 적절한 행위를 선택할 수 있는 기회를 제공하는 전략을 취하고 있는 것이다. 이를 통해 서로가 서로를 이해하게 하고, 나아가 '다문화인'이 완전히 정착하는 모습을 그려냄으로써 안정감과 나아갈 방향을 제시해주고 있다.

이는 네 번째 시리즈인 〈파란 눈의 조선인, 박연〉을 통해 확인할 수 있다. '박연'은 우리나라 역사상 처음으로 '파란 눈동자'를 가진 다문화인인 '얀스 벨테브레이'의 한국 이름이다. '박연' 역시 처음에는 '이용상'이나 '동오'처럼 낯선 환경을 힘들어하고 고향으로 돌아가기를 늘 기원했다. 그러나 나중에는 어엿한 조선 사람이 되어 고향으로 돌아갈 기회가 있었음에도 돌아가지 않고 네덜란드와 조선을 잇는 첫 번째 징검다리가 되는 모습을 보여준다. 그는 비록 눈동자색이 다르지만 '네덜란드인'이면서 '조선인'이었다. 다만 조선은 꽤 폐쇄적이었던 사회로 사실 '박연'을 네덜란드인이자 조선인이라기보다는 조선인으로만 받아들이는 모습이었다.

"당시 제주 목사였던 이원진 대감은 나를 보고 생긴 것이 정말 비슷하다며 그들 앞으로 데려갔는데, 그 일행 중 하멜과 가장 먼저 눈이 마주쳤어. 대감이 나를 가리키면서 하멜에게 누군지 알겠냐고 물었어. 그때의 하멜의 대답을 나는 기억해. '그는 우리와 같은 네덜란드 사람이에요!'가 말을 듣는 순간 왠지 모를 울컥함이 밀려왔지. 오랫동안 잊고 살았던 모국어가 귓가에 선명하게 박힌 거야! 하지만 이내 이원진 대감이 웃으면서 '틀렸다. 이 사람은 조선 사람이다.'라고 말했고, 난 침묵을 지킬 수밖에 없었어."(김승연, 2017: 92)

제주 목사였던 이원진 대감은 '박연'을 조선인이라고 칭한다. 우리와 '같은' 네덜란드인이라고 말하는 하멜에게 "틀렸다"라고 하고 있다. 물론 파란 눈의 서양인을 눈동자 색과 상관없이 조선인으로 받아들인 것도 당시의 폐쇄적인 국가 상황을 고려할 때 포용적인 일이었다. 그렇지만 실상 '박연'이 국가 밖을 나갈 수 없도록 제한한 면이 컸고, 그를 있는 그대로 '공존'할 수 있도록 한 것이 아니라 일방적으로 '흡수'시키는 태도였다는 점에 아쉬움이 남는다. 물론 이 또한 400년 전의 일이기 때문에 현재의 사회는 당연히 그 보다는 더 개방적이고 발전된 태도를 보여야 한다. 소수집단에 대하여 사회 구성원 자체로 인정해줄 수 있는 태도가 필요한 것이다. 소수집단의 이해는 인물들의 다양한 삶을 이해함으로써 학습자의 도덕적 균형 감각을 갖추는 데 기여하고, 개인이 다양한 사회·문화적 소통에 도움을 줄 수 있는 지식을 갖추도록 한다는 점에서 문화적 문식성을 증진시키는 데 기여한다(윤영옥, 2013: 238). 과거의 다문화인들의 모습 통해 그들이 사실은 아주 오래전 과거부터 우리와 함께했다는 사실을 인식하고, 그들의 삶에 나타나는 아픔과 기쁨이 우리의 그것과 크게 다르지 않음을 공감할 수 있을 때 비로소 그들의 있는 모습 그대로를 우리 사회에 받아들일 수 있게 된다.

혼자 중얼거리듯 말하던 남자는 번뜩 정신을 차리며 입을 열었어요.

"미래에서 왔다고? 나처럼 외국에서 온 것이 아니고? 그것도 400년 뒤에서? 참으로 신기하구나. 하여튼 만나게 돼서 반갑다. 나는 생긴 것은 이렇지만 조선의 무인으로서 살아가고 있는 성은 박, 이름은 연이라 한다."

'다문화 인물 시리즈'에서는 현대를 살아가는 아동이 '타임슬립' 혹은 '꿈'의 형태로 과거로 돌아가 '다문화인'과 직접 조우하게 되는 스토리텔링 방식을 취하고 있다. 인용문에서 박연이 언급한 것처럼 "외국"이라는 공간적 차이, "미래"라는 시간적 차이만 다를 뿐, 과거와 다른 곳에서 왔다는 점에서 동일하다. 책에는 당시 다문화인이 살았던 시대와 공간이 존재하고 그가 겪었던 '장애'와 '관계'가 존재한다. 아동들은 자신과 비슷한 또래의 비슷한 환경에 처한 주인공에 몰입하게 되고, 여러 인물들의 삶을 간접 체험하고 공감할 수 있게 된다.

문화다양성의 감정이입과 공감을 활용하는 스토리텔링 원리를 사용하고 있는 것이다. 문화다양성의 감정이입은 이야기 들어가기 단계로 스토리텔링이 사실을 기술하는데 국한되지 않고 청자의 상상력과 정서에도 호소할 수 있는 능력을 가지고 있음을 반영하고자 하는 것으로 학습자의 이해수준을 높이고 학습자를 몰입적인 상황으로 유도하기 위한 전략적 수단으로 자기 자신을 상대방의 위치에 놓아 볼 수 있게 한다(Dymond, 1949). 즉, 이를 통해 '나와 다르지만 그럼에도 같은 감정을 느낄 수 있음'을 인식하게 된다. 우리는 한 사회 안에 구성원으로 함께 존재하며, 그들은 '틀린' 존재가 아니다.

문화다양성 교육은 '다름'이 '틀림'이 아니며 '다름'이 가진 그 다양성의 '차이'에 가치가 있음을 일깨워주고 이로 인해 개인의 삶을 변화시킬 수 있어야 한다는 것을 일깨워주는 것이다. 그렇기 때문에 단지 일상을 떠난 축제의 장처럼 이벤트화되어서도 안 되며 잡식성의 전시물을 시각적으로 관조하고 오는 관음증을 만족시키는 정도로 진행되어서도 곤란하다(서연주, 2008: 269). 다양한 인종의 문화적 특수성에 주목하기보다는 타국에서 온 소수자에 대한 배려라는 개념으로만 한정될 수 있는 한계를 넘어설 수 있어야 한다. 문화적 감성과 공감을 섞은 진정한 의미의 이해는 소수자와 다수자 모두의 상호작용 프로세스를 강화할 수 있게 만들어 줄 것이다.

4. 다문화 동화집 스토리텔링 방향에 대한 제언

앞에서 우리는 다문화 시대, 문화다양성 교육에 대한 필요성과 방법을 살펴보았다. 인식 개선을 위한 보다 적극적인 교육 방법이 필요하며, 가장 교육적 효과가 높은 아동부터 문화다양성 교육을 진행해야 한다는 내용이었다. 우리 사회 구성원으로 다문화인을 받아들이기 위해서는 그들을 울타리 안에 보호하고 배려할 것이 아니라 자신의 능력과 개성을 펼칠 수 있는 평등한 사회적 인식이다. 그리고 이러한 다문화에 대한 이해는 아동기부터 시작해야 한다. 어린아이들은 비교적 다른 문화의 아이들에게 호의적으로 반응하며, 특별한 교육이나 학습이 없으면 문화적 정체성이 다르다는 이유로 다른 아이들을 거부하지 않기 때문이다(이명현, 2013: 88). 따라서 아동기에 다른 문화를 거부하거나 배제하지 않는 문화 다양성 교육이 필수적으로 이루어져야 한다. 그러나 다문화사회의 '소통과 공존', '차별과 배제' 등과 같은 쟁점을 설명하는 것은 어렵기에 그 쟁점과 의미를 직접 이야기하지 않더라도 스토리텔링을 통해 자연스럽게 전달하는 것이 필요하다.

이러한 관점에서 서술된 것이 아동용 다문화 동화인 '다문화 인물 시리즈'며 그 스토리텔링 양상을 함께 살펴보았다. 이 시리즈는 다문화 인물들을 초등학생 수준에서 즐기면서 이해할 수 있도록 쉽게 설명하고 있으며, 무엇보다 책을 읽는 아이들의 존재를 대변하고, 공감할 수 있게 하는 주인공이 등장한다는 것이 특징이다. 위인전의 전기 형식을 차용하고 있지만, 관조적인 관점이 아니라 직접 몰입하게 만들고 우리와 다르지 않음, 그들이 틀리지 않음을 자연스럽게 제시하고 있다. 다문화사회 및 인물에 대한 지식과 이해, 긍정적 영향을 함께 보여준다는 점에서 교육적으로 의미가 있었다. 지금까지의 논의를 토대로 이를 수용하고 보완할 수 있는 다문화 동화의 스토리텔링 방향을 제언해 보면 다음과 같다.

먼저, 인물들이 처해 있는 구체적인 상황과 관련지어, 인물의 목소리를 통해 제시함으로써 지식이 추상적이고 탈맥락적인 것이 되지 않도록 하는 스토리텔링 방식을 사용하고 있었는데, 이러한 동화 형식은 설명적 텍스트에 비해 명료성은 떨어지지만 인문학 지식을 쉽게 풀어 쓰는 데 있어서는 효율적인 방식(김미혜, 2014: 251)이다. 앞으로도 이러한 방식을 적극 활용하는 것이 필요하다.

그러나 공감과 전달에서 더 나아가지 못했다는 한계를 지닌다는 점에 아쉬움이 남는다. '틀린 것이 아니다, 우리와 같은 사회 구성원이다'라는 인식을 심어주는 것에는 성공하였지만, 사실상 한 걸음 더 나아가 그렇기 때문에 우리는 '어떤 태도'를 보여야 한다는 것까지의 메시지를 줄 수 있어야 효용성이 있다고 말할 수 있다. 그렇다면 이를 해결할 수 있는 가장 현실적이면서도 가장 효과적인 것은 문학작품의 향유 경험을 활용할 수 있도록 하는 접근을 추가하는 것이다. 물론, '문학이 감동을 주어 우리를 변화시킨다.'는 괴테의 언명이 말해 주듯, 문학작품은 그 자체로 문화의 경험은 학생들의 인식과 태도를 변화시킬 수 있겠지만 (한명숙, 2016: 167) 그 변화가 언제나 올바른 방향을 지니는 것은 아니기 때문에 길을 제시해줄 수 있어야 한다.

가령, 오늘날의 다문화 상황을 직접적으로 드러낸 동화에서는 작가의 의도와 정반대로 이주민을 타자화하는 결과를 산출할 수도 있다(이명현, 2013: 88). 그렇기 때문에 이야기의 말미에는 아동들이 이에 대한 고민과 이해를 다시 한 번 도울 수 있도록 올바른 방향이 담긴 토론 거리를 추가하는 것이 필요하다. 다시 말해 다문화 동화를 스토리텔링 할 때 지향점을 제시해주는 것이 필요하다는 뜻이다. '다른 점은 다르게, 같은 점은 같게'라는 언명이 평등의 기본 이념이듯, 서로 다른 점을 그대로 인정하고 그로부터 교육의 지향을 마련함이 바람직하다. 차이를 인정하고 존중하는 '차이 지향적 관점'에 기반을 둔 문화다양성 교육이 이루어져야 한다(한명숙, 2016: 154).

사회 구성원들이 서로 어울려 행복하게 살아갈 수 있도록 하는 교육뿐만 아니라 모든 학생이 자기들과 다른 모습이나 같지 않은 혈통을 지닌 친구들 및 차이를 지닌 친구들과 한 교실에서 더불어 공부하고 생활하며 공동체의 삶을 가꾸어 갈 수 있도록 하는 능력을 기르는 스토리텔링이 필요하다. 한국 내부의 문화적 다양성을 인정하고 수용하려는 노력을 해야 한다. 다른 문화를 인식하고 이해하고 수용하는 데서 더 나아가 새롭게 경험하는 문화와 자신의 문화를 서로 통합할 수 있게 될 때 진정한 '공존'을 이룰 수 있으며 이를 다문화 동화 스토리텔링의 지향점으로 삼아야겠다.

참고문헌

1. 자료

정채운(2020), 『가야의 어머니, 허황옥』(다문화 인물 시리즈 1), 작가와
　　비평.

강명주(2020), 『고려의 장군이 된 베트남 왕자 이용상』(다문화 인물 시리
　　즈 2), 작가와비평.

김형종(2020), 『고려시대의 이슬람귀화인 장순룡』(다문화 인물 시리즈
　　3), 작가와비평.

김승연(2020), 『파란 눈의 조선인, 박연』(다문화 인물 시리즈 4), 작가와
　　비평.

박현진(2020a), 『영원한 여진족사람, 이지란』(다문화 인물 시리즈 5), 작
　　가와비평.

박현진(2020b), 『13년간의 표류기, 헨드릭 하멜』(다문화 인물 시리즈 6),
　　작가와비평.

노자은(2020), 『조선을 사랑한 일본장수 김충선』(다문화 인물 시리즈 7),
　　작가와비평.

길진봉(2020), 『조선과 함께한 선교사 언더우드』(다문화 인물 시리즈 8),
　　작가와비평.

한유섭(2020), 『한국인보다 한국을 더 사랑한 영국인 베델』(다문화 인물
시리즈 9), 작가와비평.

강진구(2020), 『빈민의 아버지가 된 신부님 정일우』(다문화 인물 시리즈
10), 작가와비평.

2. 논저

강명주 외 15(2016), 『한국사 속의 다문화』, 선인.

권혁래(2018), 「다문화동화집 출간과 활용 연구: 이주민들이 안고 들어
온 글로컬 문학에 대해」, 『동화와 번역』 35, 건국대학교 동화와
번역연구소, 37~71쪽.

김미혜(2014), 「초등학생을 위한 스토리텔링형 인문학 도서의 교육적 고
찰: 처음 인문학 동화 시리즈를 중심으로」, 『독서연구』 33, 235~
262쪽.

김상옥(2010), 「다문화시대, 동화의 서사」, 『아동청소년문학연구』 6, 아
동청소년문학학회, 201~224쪽.

류찬열(2009), 「다문화 동화의 현황과 전망」, 『어문론집』 40, 중앙어문학
회, 273~293쪽.

서연주(2008), 「다문화 교육 콘텐츠 구축에서 스토리텔링의 효과」, 『한국
문예창작』 7, 한국문예창작학회, 261~290쪽.

오정미(2015), 「건강한 다문화 사회를 위한 동화 인어공주의 스토리텔링

의 방향」, 『스토리앤이미지텔링』 10, 건국대학교 스토리앤이미지

텔링연구소, 117~140쪽.

유네스코 한국위원회(2008), 〈2008 다문화정책포럼 보고서〉.

윤영옥(2013), 「다문화 교육을 위한 소설 텍스트 개발과 교육적 적용」,

『현대문학이론연구』 52, 현대문학이론학회, 231~259쪽.

이동성·주재홍·김영천(2013), 「문화다양성 교육의 개념적 특질 및 이론

적 배경」, 『다문화교육연구』 6, 한국다문화교육학회, 51~72쪽.

이명현(2013), 「다문화시대 인물탄생형 이물교혼담의 가치와 동화 스토

리텔링의 방향: 강감찬 설화의 출생담과 성장담을 중심으로」, 『중

앙대학교 문화콘텐츠기술연구원 국제학술대회 자료집』, 79~91쪽.

이채영(2019), 「아동 대상 위인전에 나타난 영웅 스토리텔링의 특성과

의미」, 『동학학보』 51, 동학학회, 273~304쪽.

이효정·최현정·김성숙·김민경·원경희·김명정(2011), 『2011 다문화 교

육인력 양성사업 평가연구』, 한국문화예술교육진흥원.

임철일·김선희·김성욱(2014), 「문화다양성 교육을 위한 교육과정 및 문

화예술 기반 교육방법 탐색」, 『다문화교육연구』 7, 한국다문화교

육학회, 27~57쪽.

장민수·장성민(2014), 「스토리텔링 기반 문화다양성 수업전략 탐색」, 『다

문화교육연구』 7, 한국다문화교육학회, 1~26쪽.

캐런 코우츠, 이미선 역(2008), 『아동문학 작품 읽기』, 작은씨앗.

한명숙(2016), 「다문화시대의 범교과적 문화교육 탐구: 문학경험을 통한 문화 능력의 함양을 중심으로」, 『새국어교육』 106, 한국국어교육학회, 149~176쪽.

Banks, J. A. and Banks, C. A.(2010), *Multicultural Education: Issues and Perspective*, Hoboken, NJ: John Wiley & Sons, Inc.

Bishop, R. S.(2003), "Reframing the Debate about Cultural Authenticity", *Stories Matter*(eds. Fox, D.L & Short K.G.), *NCTE.38*

Brunner, J.(1996), *The culture of education*, Cambridge, MA: Harvard University Press; 강현석·이자현 역(2005). 브루너, 교육의 문화. 서울: 교육과학사.

Collins, A., Brown, J. S. & Newman, S. E.(1989), "Cognitive apprenticeship: Teaching the crafts of reading, writing, and mathematics". In Resnick, L. B.(Ed.), *Knowing, Learning and Instruction, Essays in Honor of Robert Glaser*, Hillsdale, N.J. : L. Erlbaum Associates.

Dymond, R. F.(1949), "A scale for the measurement of empathic ability", *Journal of Consulting Psychology*, 13(2), pp. 127~133.

Ethnic Communities' Council of Victoria(2006), "Cultural competence". Retrieved from http://eccv.org.au/library/doc/CulturalCompetence GuidelinesandProtocols.pdf.

Lynch, J.(1983), *The multicultural curriculum*, London, UK: Batsford Academic & Educational.

Pincus, F. L.(2011), *Understanding diversity*, Colorado: Lynne Rienner Publishers.

Tiedt, P. L., & Tiedt, I. M.(2010), "Multicultural teaching: A handbook of activities", *information, and resources*(8th ed.), Boston, MA: Pearson Education.

Vedder, P., Horencyzk, K., & Nickmans, G.(2006), Ethno-culturally diverse education settings.

최성환: 중앙대학교 철학과 교수로 재직하고 있다. 독일 본(Bonn)대학에서 철학박사학위를 받았고 한국해석학회와 한국현대유럽철학회 회장을 지냈다. 주로 낭만주의 해석학과 다문화주의에 대한 연구를 수행하고 있다. 저역서로는 『오늘날 연대란 무엇인가』, 『철학적 해석학입문』, 『행복의 철학사』, 『현상학의 지평』, 『철학의 본질』, 『현대해석학의 지평』, 『코로나 블루, 철학의 위안』(공저) 등이 있다.

서영지: 서울대학교와 인하대학교에서 강사로 재직하고 있으며, 프랑스어와 프랑스 문화 관련 강의를 하고 있다. 서울대학교에서 외국어교육학 박사학위를 받았으며 문화 교육, 상호문화 교육, 다양성 교육, 외국어 교육 등에 관심을 갖고 연구하고 있다. 주요 저역서로는 『다문화 사회와 상호문화교육(2019)』, 『알기

쉬운 교실 상호문화교육(2019)』이 있으며, 대표 논문으로는 '외국어교육에서의 학습자의 위상 변화에 관한 연구: 상호문화화자를 향해'(2018), 'Michael Byram의 문화적 전환에 관한 연구: 사회문화능력에서 상호문화의사소통능력으로'(2018) 외 다수가 있다.

조영미: 중앙대학교 다문화콘텐츠연구소의 연구교수로 재직하고 있으며, 문화다양성융합전공과 사회복지학부에서 강의하고 있다. 중앙대학교에서 문학박사 학위를 받았으며 시민참여와 문화다양성, 국제협력, 글로벌 시민교육과 평화교육, 공공외교 등에 관심을 갖고 연구하고 있다. 저역서로는 『청소년문화』(공저, 2019), 『청소년활동』(공저, 2019), 『헬로 뻿벌』(공저, 2020), 『청소년 및 지역사회 실천현장에서 이론 활용하기』(공저, 2019), 『Path to Peace Report: The case for a Peace Agreement to End the Korean War』(공저, 2021) 등이 있다. 한국청소년복지학회 이사이며, 외교부 공공외교지원네트워크, 경기도 국제평화교류위원회 위원으로도 활동하고 있다.

강명주: 중앙대학교 국어국문학과를 졸업하고 같은 학교 대학원에서 고전문학과 인문융합 콘텐츠를 전공하여 문학박사 학위를 받

았다. 중앙대학교와 남서울대학교에 출강하며 한국의 고전적인 멋과 문화를 전달하고 소통하고자 노력하고 있다. 〈동양문화와 스토리텔링〉, 〈문화-글로컬리즘과 k-culture〉 등을 주제로 강의하며 문화다양성과 스토리텔링에 대하여 관심을 두고 연구하는 중이다. 문화콘텐츠 기술연구원에서 다수의 프로젝트에 참가하며 배움을 확장하고 있고, 저서로는 『한국사 속의 다문화』(공저), 『고려의 장군이 된 베트남 왕자 이용상』, 『고전 서사와 웹툰 스토리텔링』(공저)이 있다.

문화다양성 연구총서 01

문화다양성과 **교육**

ⓒ최성환·서영지·조영미·강명주, 2021

1판 1쇄 인쇄__2021년 06월 25일
1판 1쇄 발행__2021년 06월 30일

지은이__최성환·서영지·조영미·강명주
펴낸이__양정섭

펴낸곳__경진출판
　　　　등록__제2010-000004호
　　　　이메일__mykyungjin@daum.net
　　　　사업장주소__서울특별시 금천구 시흥대로 57길(시흥동) 영광빌딩 203호
　　　　전화__070-7550-7776　팩스__02-806-7282

값 12,000원
ISBN 978-89-5996-821-3 93300